JN055926

2023年8月
改訂

軽減措置を使えば
相続税がかからない

「相続税申告書」の書き方

税理士法人サポートリンク 編著

セルバ出版

はじめに

平成 27 年 1 月 1 日以降の相続から、相続税の基礎控除額が大幅に引き下げられました。平成 26 年 12 月 31 日までの相続については、相続人が配偶者と子 2 人の場合に 8,000 万円（5,000 万円＋ 1,000 万円× 3 人）だった相続税の基礎控除額が、平成 27 年 1 月 1 日からの相続については、4,800 万円（3,000 万円＋ 600 万円× 3 人）と 4 割も引き下げられたのです。

相続税の基礎控除額が 4 割も引き下げられた影響は、いわゆる資産家だけでなく、一般家庭にも及ぶようになります。大都市近郊にそれなりの広さの戸建住宅を所有し、預貯金などある程度の金融資産を保有している家庭では、相続税の課税対象となる可能性が出てきたのです。

相続税には、①小規模宅地等の特例、②配偶者の税額軽減（配偶者控除）という相続税の軽減措置があります。この軽減措置をうまく利用すれば、相続税がかからないことも少なくありません。ただし、この特例の適用を受けるためには、相続税の申告書を申告期限内に提出する必要があります。

本書は、これらの相続税の軽減措置を利用することによって、相続税がかからない場合の相続税申告書の書き方を一般の納税者にもわかりやすくお伝えすることを主眼として執筆したものです。

本書は相続財産が 1 億円前後の普通の一般家庭の相続を想定しています。それも、主な相続財産が自宅と金融資産であるような世帯を想定しています。

いわゆる資産家と呼ばれる相続財産が何億円もあるような富裕層は想定外です。それでも、大都市近郊にそれなりの広さの敷地面積の自宅を所有していれば、宅地の評価だけで 5,000 万円くらいなることもあります。

これらの世帯の相続税対策は、従来から資産家と呼ばれる世帯の相続対策とはかなり趣が異なります。これらの世帯の相続税対策においては、今後は、①小規模宅地等の特例、②配偶者の税額軽減（配偶者控除）、③生前贈与を活用することが極めて重要になります。

相続税の申告書の体系は、決して難しいものではありません。相続税の申告書の各表を書く順番とそこに書き込む内容さえ理解できれば、相続税の申告書を作成することは一般の納税者でも可能です。

相続税の申告書を作成する場合に、問題となるのが路線価方式による土地の評価です。新興住宅地によく見られるような正方形や長方形の形状をした土地の評価は、一般の納税者でもあまり困ることなくできます。

そのような土地ばかりであれば問題ないのですが、土地の中には、いびつな形状をしていたり、接道部分が異常に狭かったりする土地もあります。このような土地は、一般的に相続税の評価額が下がるのですが、その評価方法が一般の納税者にとっては難解なのです。このような土地の場合には、土地の評価だけでも税の専門家に依頼されるほうがよいかもしれません。

本書は、小規模宅地の特例や配偶者の税額軽減を適用することによって、相続税がかからない場合の相続税申告書の書き方を、一般の納税者にもわかるように具体的に解説することを目的としています。相続税の申告書の書き方を実際の申告書用紙に即し、具体的な記載方法について逐一解説した書籍は、筆者の知る限りではあまり見当たりません。

しかし、逆に相続税がかかる申告書は、報酬はかかりますが、税の専門家の力をお借りになることをおすすめします。専門家に支払う報酬をケチって、それ以上の相続税を支払うことになっては、本末転倒です。

必ず、税の専門家である税理士の助けを借りて損することのないように対応されることをおすすめします。また、本書の内容には正確を期すように万全の努力を払いましたが、記述内容に誤り、表現の不統一などがありましても、その責任は負いかねますのでご了承ください。

平成 27 年 8 月

改訂３版　はじめに

平成 27 年 9 月に本書を出版して以降、小規模宅地等の特例、教育資金および結婚・子育て資金の一括贈与に若干の改正がありました。令和５年度の相続税改正は、暦年贈与および相続時精算課税制度に関わる改正で、今後の生前贈与に大きな変化を与える改正です。なお、本書の第 10 章以降の相続税申告書の具体的な記載例では、改正内容の変更は特段加えていませんが、本書の利用価値を損なうものではありません。ご理解のほど、よろしくお願いします。

令和５年８月　　　　　　　　　　　　　　執筆者代表　柴崎　照久

2023年8月改訂　軽減措置を使えば相続税がかからない「相続税申告書」の書き方　目次

第４章　小規模宅地等の特例は必ず適用する

第５章　相続税の税額控除

第６章　第二次相続を考慮した遺産分割

第７章　生前贈与

第８章　配偶者居住権

第９章　遺産分割協議書の作成

第10章　相続税申告書の書き方

第 11 章　配偶者の税額軽減を適用し全財産を配偶者に相続させる相続税申告書の記載例

第 12 章　第二次相続で小規模宅地の特例を適用し相続税がかからない相続税申告書の記載例

第 13 章　相続税の納付が必要な相続税申告書の記載例

第１章

相続税の基礎控除引下げで影響を受ける納税者とは

相続税基礎控除額引下げで相続税大衆化時代の到来

平成 27 年 1 月から相続税の基礎控除が引き下げられました。相続税の基礎控除とは、相続税が課税されない限度額のことです。つまり、相続税の課税財産が相続税の基礎控除額以下であれば相続税は課税されません。

平成 26 年 12 月 31 日までの改正前の相続税の基礎控除額は、次のようになっていました。

基礎控除額＝ 5,000 万円＋（1,000 万円×法定相続人の数）

これが、平成 27 年 1 月 1 日からの相続以降は、図表 1 のように改正されたのです。

基礎控除額＝ 3,000 万円＋（600 万円×法定相続人の数）

【図表 1　法定相続人数と基礎控除額】

法定相続人の数	改正前	改正後
1 人	6,000 万円	3,600 万円
2 人	7,000 万円	4,200 万円
3 人	8,000 万円	4,800 万円
4 人	9,000 万円	5,400 万円

例えば、法定相続人が配偶者と子 2 人の標準世帯では、平成 26 年 12 月 31 日までに相続が発生すれば、相続税の基礎控除額は 8,000 万円であったものが、平成 27 年 1 月 1 日以降の相続では基礎控除額が 4,800 万円となり、実に 4 割（3,200 万円）も減額されてしまったのです。

相続財産が何億円もある富裕層といわれる人たちにとって、3,200 万円は気にもならない金額かもしれません。しかし、相続財産が 4,800 万円から 8,000 万円の世帯にとっては、まさに相続税増税の影響をもろに受けることになるのです。

この 3,200 万円の基礎控除額の減額の影響を受ける世帯は多いはずです。相続財産が 4,800 万円から 8,000 万円までとなる世帯数は決して少なくないからです。まさに、相続税大衆化時代の到来です。

これらの世帯にとって、従来なら相続税は無縁だったのです。ですから、相続税対策を考える必要もなかったのです。

標準世帯といわれる夫婦と子２人の家庭で相続が発生すると、法定相続人は３人です。この場合、改正前は 8,000 万円あった相続税の基礎控除額が、改正後は 4,800 万円と大幅に下がりました。亡くなった人（被相続人）が、大都市近郊に戸建住宅 (敷地面積 100 坪＝ 330㎡) を所有していて、相続財産評価の基礎となる路線価が 1 ㎡当たり 15 万円であれば、単純計算で 15 万円× 330㎡＝ 4,950 万円となり、宅地だけで相続税の基礎控除額を超えてしまいます。

改正前であれば、8,000 万円あった相続税の基礎控除額が 4,800 万円に下がることの影響は、これまで相続税に無縁であった一般家庭にも及ぶのです。

相続税といえば、これまでは資産家にかかる税金というのが、世間一般の認識でした。しかし、今後は「相続税は普通の家庭にもかかる税金である」ということになったのです。

これから相続を迎える世帯で、相続税基礎控除額の引下げの影響を受ける世帯のイメージとは、次のようなものではないでしょうか。

戦後ほどなく結婚し、高度経済成長に支えられ、大企業の管理職や公務員として働き、大都市近郊の宅地開発で造成された 100 坪くらいの広さの宅地に、夫名義で一戸建住宅を構え、２・３人の子供を育て、子供はそれぞれ就職・結婚し、独立してマンションや一戸建などの自宅を所有し、両親とは別居しています。

その後、夫は定年を迎え退職金をもらい、それなりの年金もあるため、数千万円の金融資産を持ち、住宅ローンも既に完済している。子供も独立しているため、２人だけで一戸建住宅に暮らしています。

このような世帯は、これまで所得税の確定申告とは、ほとんど無縁な存在だったはずです。したがって、身近に税理士という存在を知らない人も多いことでしょう。そんな人たちが相続税という難題と向き合わなければならない状況になったのです。

平成 25 年の相続税申告の統計資料によれば、相続財産の構成比は図表２

のとおりです。平成24・25年とも相続財産のうちで、金額的構成比が最も高いのが土地です。平成24年では土地、家屋などの不動産の割合は50%を超えています。平成25年は、アベノミクスによる株高の影響のため、有価証券の割合が高くなり土地の構成比は相対的に低くなっていますが、構成比が一番高いことには変わりありません。

次に、構成比が高いのが現金、預貯金等で、両年とも25%強の割合となっています。

【図表2　相続財産金額の構成比】

相続財産の種類	平成24年	平成25年
土　地	45.8%	41.5%
家屋、構築物	5.3%	3.8%
有価証券	12.2%	16.5%
現金、預貯金等	25.6%	26.0%
その他の財産	11.1%	12.2%
合　計	100%	100%

厚生労働省の「人口動態統計」によれば、平均初婚年齢は図表3のようになっており、夫が妻より大体3歳年上です。

平均寿命も平成25年簡易生命表によれば、男性（80.21歳）、女性（86.61歳）と女性のほうが平均6.4歳長生きなので、統計的に見れば、妻は夫が亡くなってから10年くらいは長生きする計算になります。

【図表3　平均初婚年齢の推移】

	男性	女性
昭和22年	26.1歳	22.9歳
昭和25年	25.9歳	23.0歳
昭和30年	26.6歳	23.8歳

もちろん、これは平均的に捉えた数字ではありますが、夫の死後妻が10年くらい長生きするというのは実感に即しているといえるのではないでしょうか。

夫が亡くなったときに妻が全部の財産を相続するメリット・デメリット

妻は夫の死後10年くらい長生きするわけですから、もちろん、元気なうちは自宅で暮らすことになるでしょう。妻にはその分生活費が多くかかります。また、妻が老人ホームなどに入所することになれば、多額の費用がかかるかもしれません。そのため、夫が亡くなったときの相続（第一次相続）では、妻が全部を相続するという遺産分割もそれなりに妥当な解決であると筆者は考えます。

もちろん、子が同居している場合には、同居している子が自宅を相続し、金融資産は配偶者が相続するという選択もあります。ただし、この場合は同居していない子の相続分についての配慮が欠かせません。

逆に、夫が亡くなってから、妻が亡くなるまでの期間があまりないと思える場合には、妻が全部相続するのはあまり得策とはいえません。夫の財産がそのまま課税財産となってしまうからです。夫が亡くなったときに妻が全部の財産を相続するメリットとしては、次のようなことがあげられます。

① 妻が金融資産も相続するため、老人ホームに入居することになっても自宅を処分しなくてもよい。

② 妻が住むことになる自宅が妻名義になるので、万が一自宅を売却する場合でも妻が単独で処分できる。

③ 子供たちが相続しないので、相続争いが起こらない。

④ 配偶者の税額軽減を受けることができるので、相続税がかからない（詳細については第5章をご覧ください）。

⑤ 妻が相続した金融資産は、子や孫たちに暦年贈与などの生前贈与をすれば、相続財産を減らすことができる（年間110万円までの贈与は贈与税がかかりません）。

⑥ 妻が1人で暮らせなくなり子の誰かが同居すれば、小規模宅地等の特例を受けることができるので、妻が亡くなった相続（第二次相続）でも相続税の軽減措置の適用を受けることができる（詳細については第4章をご覧ください）。

一方、妻が全部の財産を相続するときのデメリットは、夫が亡くなったときの相続（第一次相続）で、子供たちに財産が移転しないので、妻が亡くなったときの相続（第二次相続）で相続税がかかる恐れがあることです。

相続税基礎控除額引下げで心配になる世帯の対応策

しかしながら、本書で想定している相続は、自宅と金融資産が相続財産の主なもので、今回の相続税の基礎控除額の引下げにより、相続税が心配になる世帯です。決して、相続税の課税財産が何億円もある資産家ではありません。そのため、第二次相続でも、生前贈与や小規模宅地等の特例をうまく活用すれば、相続税の心配もあまりないでしょう。

何よりも有効な相続税対策は、第二次相続までに、子の誰かが母親と同居し、母親の面倒を見てあげることです。そうして同居した子が、母親が相続した自宅を相続するのです。子がもともと所有していた自宅は、相続が終わるまで誰かに賃貸できればなおよいでしょう。

ただし、この場合は子の１人が、相続財産の中で大きなウエイトを占める両親の自宅を相続することになるので、その他の子と相続財産にアンバランスが生じることになります。子の間で不公平が生じないように、自宅を相続しない子への配慮が必要になります。それには、母親が亡くなる以前に、子同士での十分な話し合いが不可欠です。

さらに言えば、子の誰かが同居する時点で、子同士の十分な話し合いが必要でしょう。

もちろん、相続した子が相続税の申告期限まで居住した後は、親の自宅を売却し、売却代金から譲渡所得税などを差し引いた手取額をその他の子に代償分割しても構いません。ただし、代償分割の内容は、事前に遺産分割協議書で決めておく必要があります。

遺産分割協議書で決めておかないと、代償金の支払いが単なる贈与であると認定され、贈与税を課税されることになるからです。そのため、遺産分割協議書に「代償として」支払う旨を明確に記載する必要があります。

代償分割とは、特定の相続人が財産を相続する代わりに、他の相続人に金銭などを与える方法です。例えば、「長男が不動産の全部を相続し、その代わりに長男が次男に代償金１億円を支払う」といった遺産分割方法です。

代償分割が行われるのは、不動産などが主な遺産である場合です。不動産を共有名義で分割してしまいますと、後々単独名義に戻すには並々ならぬ労力や金銭が必要になるからです。

第２章

相続税申告の概要

1．相続税の申告書を提出しなければならない場合とは

相続税は、被相続人から相続などによって財産を取得した場合に、取得した財産にかかる税金ですが、相続人が所得した正味の遺産額が遺産に係る基礎控除額を超える場合にだけ相続税の申告書を提出しなければなりません。

逆にいえば、正味の遺産額が遺産に係る基礎控除額を超えない場合には、相続税の申告書を提出する必要はありません。

ただし、小規模宅地等の特例の適用を受けた結果、正味の遺産額が遺産に係る基礎控除額以下になったような場合には、相続税の申告書を提出しなければなりません。

また、配偶者の税額軽減（配偶者控除）などの適用を受けることによって納付する相続税がゼロになる場合でも、相続税の申告書を提出しなければ税額控除が受けられませんので、やはり相続税の申告書を提出しなければなりません。

2．正味の遺産額

正味の遺産額とは、図表4の算式によって求めた遺産の合計額です。正味の遺産額が遺産に係る基礎控除額を超えると、相続税の申告が必要となります。

また、相続税額が発生すると相続税を納付しなければなりません。

正味の遺産額は、図表4のとおりに算出します。

【図表4　正味の遺産額の算出】

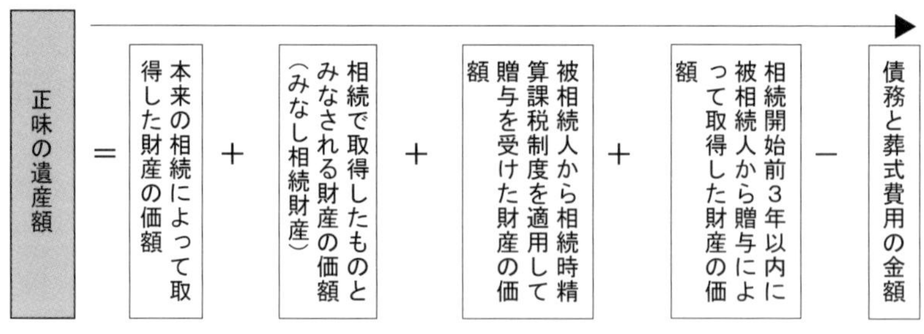

正味の遺産額
=
本来の相続によって取得した財産の価額
+
相続で取得したものとみなされる財産の価額（みなし相続財産）
+
被相続人から相続時精算課税制度を適用して贈与を受けた財産の価額
+
相続開始前3年以内に被相続人から贈与によって取得した財産の価額
−
債務と葬式費用の金額

本来の相続によって取得した財産の価額

被相続人が亡くなった時点において所有したすべての財産で、金銭に見積もれるすべての財産が対象となります。主なものは、①土地、②建物、③現預金、④株式などの有価証券、などが相続税の課税対象となります。

相続で取得したものとみなされる財産の価額（みなし相続財産）

被相続人の死亡により支払われる「生命保険金」（ただし、被相続人が保険料を負担したものに限られます）や「死亡退職金」などは、相続によって取得したものとみなされ、相続税の課税対象となります。

被相続人から相続時精算課税制度を適用して贈与を受けた財産の価額

被相続人から生前に贈与を受け、その際に相続時精算課税制度を適用して贈与を受けた財産は相続税の課税対象となります。

相続時精算課税制度を選択した後に被相続人から贈与を受けた財産はすべて加算しなければなりません。また、相続時精算課税制度を選択した場合に支払った贈与税があるときは相続税から控除されます。

相続開始前３年以内に被相続人から贈与によって取得した財産の価額

被相続人から相続によって財産を取得した人が、被相続人が亡くなる前３年以内に被相続人から暦年贈与を受けた財産は、すべて相続税の課税対象となります。

ただし、例外があります。贈与税の配偶者控除の特例を受けた価額のうち2,000万円に達するまでの価額及び後述する教育資金の一括贈与の非課税額（1,500万円）は一定の条件を満たせば加算する必要はありません。

債務と葬式費用の金額

被相続人の債務には、借入金や未払金などのほか、被相続人が納めなかった税金も含まれます。葬式費用には、①お布施、②葬儀社への支払い、などが含まれますが、①墓地や墓石の購入費用、②香典返し・法要などの費用は含まれません。

3．非課税財産

相続税のかからない財産のうち主なものは次のとおりです。

① 墓地や墓石、仏壇、仏具など

② 心身障害者共済制度に基づいて支給される給付金を受ける権利

③ 相続により取得したとみなされる生命保険金のうち、500 万円×法定相続人の数までの金額

④ 相続人がもらったとみなされる被相続人の死亡退職金のうち、500 万円×法定相続人の数までの金額

⑤ 国又は地方公共団体や公益を目的とした事業を行う法人に寄附したもの

4．遺産に係る基礎控除額

遺産に係る基礎控除額は、次の算式によって求めます。

遺産に係る基礎控除額＝ 3,000 万円＋（600 万円×法定相続人の数）

法定相続人とは、民法で定められている相続人のことですが、被相続人の配偶者は常に相続人となります。次の人は、次の順序で配偶者とともに相続人となります。

① 第一順位……被相続人の子、子が被相続人より、先に死亡している場合は、被相続人の孫や曾孫（直系卑属）が相続人となります。

配偶者と子の法定相続分は、それぞれ１／２ずつです。子が複数いれば法定相続分は均等に分けます。

子が先に死亡している場合は、孫が相続人となります。

② 第二順位……被相続人に子も孫もいない場合には、被相続人の父母や祖父母（直系尊属）が相続人となります。

配偶者と父母の法定相続分は、配偶者２／３・父母１／３となります。父母の法定相続分は均等に分けます。

父母が先に死亡している場合は、祖父母が相続人になります。

③ 第三順位……被相続人に子や孫（直系卑属）も父母や祖父母もいない場合は、兄弟姉妹（兄弟姉妹が被相続人よりも先に死亡している場合は、被相続人の甥や姪）が相続人となります。

配偶者と兄弟姉妹の法定相続分は、配偶者３／４・兄弟姉妹１／４となります。兄弟姉妹の法定相続分は均等に分けます。

なお、法定相続人に養子がいる場合、法定相続人に含めることができる数は、被相続人に実子がいる場合は１人まで、実子がいない場合は２人までとされています。

5．相続税額の具体的な計算

相続人は、配偶者と子２人の場合を想定して、相続税額の具体的な計算をしてみます。

各人が取得した相続財産及び債務・葬式費用の負担は、図表５のとおりとします。

【図表５　相続人と正味遺産額】

	配偶者	子Ａ	子Ｂ
相続財産	4,000 万円	1,500 万円	1,500 万円
債務・葬式費用	200 万円	—	—
正味の遺産額	3,800 万円	1,500 万円	1,500 万円

① 正味の遺産額合計

6,800 万円

② 遺産に係る基礎控除額

3,000 万円＋ 600 万円×３＝ 4,800 万円

③　課税遺産総額

6,800 万円－ 4,800 万円＝ 2,000 万円

④　相続税の総額

相続税の総額は、法定相続割合どおりに相続が行われたものとして計算します。

この場合、法定相続割合は、配偶者（1／2）子（1／2×1／2）となり、配偶者および子の取得金額は、配偶者2,000万円×1／2＝1,000万円、子A・子Bとも 2,000 万円×1／2×1／2＝ 500 万円となります。

したがって、相続税の総額は、次のように 200 万円となります。

配偶者	1,000 万円× 10%＝	100 万円
子A	500 万円× 10%＝	50 万円
子B	500 万円× 10%＝	50 万円
合計		200 万円

【図表 6　相続税の税率表】

各相続人が取得する金額	税率	控除額
1,000 万円以下	10%	
1,000 万円超 3,000 万円以下	15%	50 万円
3,000 万円超 5,000 万円以下	20%	200 万円
5,000 万円超　1 億円以下	30%	700 万円
1 億円超　2 億円以下	40%	1,700 万円
2 億円超　3 億円以下	45%	2,700 万円
3 億円超　6 億円以下	50%	4,200 万円
6 億円超	55%	7,200 万円

⑤　各相続人の納付すべき相続税の税額

まず、各相続人の取得する金額は、次のようになります。

配偶者	200 万円×	3,800 万円 /6,800 万円＝	112 万円
子A	200 万円×	1,500 万円 /6,800 万円＝	44 万円
子B	200 万円×	1,500 万円 /6,800 万円＝	44 万円
合計		6,800 万円	200 万円

ただし、配偶者の税額軽減の特例の適用がありますから、配偶者に相続税はかかりません。

配偶者の税額軽減を適用後の相続税の納税額の合計は、図表7のようになります。

【図表7　法定相続分どおりに相続を行った場合の相続税】

課税価格	子1人	子2人	配偶者と子1人	配偶者と子2人
5,000万円	160万円	80万円	40万円	10万円
6,000万円	310万円	180万円	90万円	60万円
7,000万円	480万円	320万円	160万円	113万円
8,000万円	680万円	470万円	235万円	175万円
10,000万円	1,220万円	770万円	385万円	315万円

6．相続税の申告書の提出期限

相続税の申告書の提出期限は、被相続人が死亡したことを知った日の翌日から数えて10か月以内と定められています。

例えば、被相続人が死亡したことを知った日が7月20日の場合、翌年の5月20日が申告期限となります。 なお、提出期限の日が、土曜日・日曜日・祝日や年末年始（1月1日～3日）に当たるときは、これらの日の翌日が申告書の提出期限となります。

税務署からは、相続税がかかると判断した家庭には相続税の申告用紙、相続税がかかる可能性があると判断した家庭には図表8の「相続税についてのお尋ね」が送られてきます。

税務署からこれらの用紙が送られてくるのは、税務署が事前に相続財産についてある程度の情報を入手しているからです。もちろん、市町村には税務署に対し相続があった（被相続人が死亡した）ことを報告する義務があります。

通常、これらの用紙が送られてくるのは、相続税の申告期限の2・3か月前ですから、それから準備したのでは遅すぎるのです。特に、相続税の優遇

【図表８－１　相続税についてのお尋ね】（国税庁のホームページより）

相続についてのお尋ね（相続税申告の簡易判定シート）

（注）記入欄に書ききれない場合には、適宜の用紙に記載願います。　名簿番号

1　亡くなられた方の住所、氏名（フリガナ）、生年月日、亡くなられた日を記入してください。

住所		氏名	（　　）	生年月日	年　月　日
				亡くなられた日	平成　年　月　日

2　亡くなられた方の職業及びお勤め先の名称を「亡くなる直前」と「それ以前（生前の主な職業）」に分けて具体的に記入してください。

亡くなる直前：　（お勤め先等の名称：　）
それ以前（生前の主な職業）：　（お勤め先等の名称：　）

3　相続人の方は何人いらっしゃいますか。その方の住所、氏名と亡くなられた方との続柄を記入してください。

（フリガナ）相続人の氏名	続柄	（フリガナ）相続人の氏名	続柄
①（　）		④（　）	
②（　）		⑤（　）	
③（　）		相続人の数	Ⓐ　人

（注）相続を放棄された方がおられる場合には、その方も含めて記入をお願いします。

4　亡くなられた方（又は先代名義）の不動産がありましたら、土地、建物の別に記入してください。

種類	所在地	イ 面積（㎡）	ロ 路線価等（注１、２）	ハ 倍率（注２）	ニ 評価額の概算（注３）
①					万円
②					万円
③					万円
④					万円
				合計額	Ⓑ　万円

（注）１　ロ欄は、土地について路線価が定められている地域は路線価を記入し、路線価が定められていない地域は固定資産税評価額を記入してください。また、建物は固定資産税評価額を記入してください。
２　土地に係るロ欄の路線価又はハ欄の倍率は、国税庁ホームページ【www.rosenka.nta.go.jp】で確認することができます。なお、路線価図は千円単位で表示されています。また、建物に係るハ欄の倍率は1.0倍です。
３　ニ欄は、次により算出された金額を記入してください。
《ロ欄に路線価を記入した場合》ロの金額×イの面積（㎡）
《ロ欄に固定資産税評価額を記入した場合》ロの金額×ハの倍率（建物は1.0倍）

5　亡くなられた方の株式、公社債、投資信託等がありましたら記入してください（亡くなられた日現在の状況について記入をお願いします。）。

銘柄等	数量（株、口）	金額	銘柄等	数量（株、口）	金額
①		万円	④		万円
②		万円	⑤		万円
③		万円		合計額	Ⓒ　万円

6　亡くなられた方の現金、預貯金について記入してください（亡くなられた日現在の状況について記入をお願いします。）。

預入先（支店名を含む）	金額	預入先（支店名を含む）	金額
①	万円	④	万円
②	万円	⑤	万円
③	万円	合計額	Ⓓ　万円

（資4-37-A4㉖）

【図表８－２　相続税についてのお尋ね】（国税庁のホームページより）

7　相続人・相続人以外の方が受け取られた生命保険金、損害保険金や死亡退職金について記入してください。			
保険会社又は支払会社等	金　額	保険会社又は支払会社等	金　額
①	万円	③	万円
②	万円	合計額	Ⓔ　万円

8　亡くなられた方から、相続時精算課税を適用した財産の贈与を受けた方がおられる場合、その財産について記入してください。					
贈与を受けた方の氏名	財産の種類	金　額	贈与を受けた方の氏名	財産の種類	金　額
①		万円	③		万円
②		万円	合計額		Ⓕ　万円

9　亡くなられた方から、亡くなる前３年以内に、上記８以外の財産の贈与を受けた方がおられる場合、その財産について記入してください。					
贈与を受けた方の氏名	財産の種類	金　額	贈与を受けた方の氏名	財産の種類	金　額
①		万円	③		万円
②		万円	合計額		Ⓖ　万円

10　亡くなられた方に債務（借入金等）などがある場合、その債務について記入してください。また、葬式費用について記入してください。			
借入先など債権者の住所（所在）と氏名（名称）	金　額	借入先など債権者の住所（所在）と氏名（名称）	金　額
①	万円	④	万円
②	万円	⑤　葬式費用の概算	万円
③	万円	合計額	Ⓗ　万円
（注）　亡くなられた方に未納となっている税金がある場合には、その内容も併せて記入をお願いします。			

11　相続税の申告書の提出が必要かどうかについて検討します（概算によるものですので、詳細については税務署にお尋ねください。）。			
Ⓑの金額	万円	(Ⓘ−Ⓗ)の金額 ※赤字のときはゼロ	Ⓙ　万円
Ⓒの金額	万円	(Ⓙ+Ⓖ)の金額	Ⓚ　万円
Ⓓの金額	万円	基礎控除額の計算 5,000万円 ＋(Ⓐ＿＿＿人×1,000万円) ＝ Ⓛ＿＿＿万円	
Ⓔの金額	万円	(Ⓚ−Ⓛ)の金額	Ⓜ　万円
Ⓕの金額	万円	Ⓜの金額　《黒字である場合》相続税の申告が必要です。 《赤字である場合》相続税の申告は不要です。 ※　あくまでも概算による結果ですので、Ⓚの金額とⓁの金額の差が小さい場合には、申告の要否について更に検討する必要があります。 また、相続人が取得した「生命保険金」や「退職金」のうち、一定の金額までは非課税となります。 ※　国税庁ホームページ【www.nta.go.jp】には、相続税に関する具体的な計算方法や申告の手続などの詳しい情報を記載した「相続税の申告のしかた」を掲載しておりますのでご利用ください。	
ⒷからⒻの合計額	Ⓘ　万円		

以上のとおり回答します。 平成＿＿年＿＿月＿＿日 住　所＿＿＿＿＿＿＿＿＿＿ 氏　名＿＿＿＿＿＿＿＿電話番号＿＿＿＿＿＿	作成税理士の氏名、事務所所在地、電話番号

※１　税務署で相談を希望される場合には、事前に予約していただき、この「相続についてのお尋ね（相続税申告の簡易判定シート）」について分かる範囲で記載の上、ご持参ください。
２　この「相続についてのお尋ね（相続税申告の簡易判定シート）」は、相続税の申告書ではありません。

措置を適用して申告する場合には、相続が開始してから遅くとも３か月以内には準備に取りかかる必要があります。

また、これらの用紙が来ないからといって、申告しなくてもよいわけではありません。相続税の申告が必要である場合は、自分で申告用紙を取り寄せなくてはなりません。

７．相続税の申告書の提出先

相続税の申告書の提出先は、被相続人が死亡したときに住んでいた住所地を所轄する税務署と定められています。財産を相続した個々の相続人の住所地を所轄する税務署ではありません。

相続税の申告書は、相続人全員が共同で申告することを原則にしていますので、相続人全員が共同で申告書を作成して提出するのが一般的です。

しかし、相続人の間で連絡が取れないとか、意見が合わないとか、その他の理由で作成して提出できない場合は、別々に相続税の申告書を作成して提出してもよいことになっています。

相続税の申告書は、通常、「提出用」と「控用」の２部を作成し、税務署へ２部持参し、提出用を税務署に提出し、控用に税務署の受付印（受付年月日が入った文書収受印）を押印してもらってくるのが一般的ですが、税務署に持参せず、郵便によって提出してもかまいません。

郵便によって提出した場合は、その郵便物に表示されている「通信日付印（郵便局の切手の消印のこと）」の日に申告書が提出されたものとして取り扱うことになっています（発信主義）。

なお、相続税の申告書は、「信書」に該当するため、申告書を送付する場合は、必ず第一種郵便物または信書便物として送付しなければなりません。郵便で提出する場合は、手間や費用は多少かかりますが、書留便とか配達記録便を利用することをおすすめします。

第３章

相続財産の内容と必要な資料の収集

相続税の申告書を作成するためには、事前準備として、相続財産の内容に応じた資料を集める必要があります。相続財産の多くを占めるのは銀行預金や不動産ですが、それ以外にも、様々な種類の相続財産があります。これらのうち、主なものについて解説します。

1．土地

⑴　所有する土地のすべてを把握する

土地の評価証明書は土地が所在する市町村役場又は都税事務所に交付申請すれば入手できます。評価証明書には、その市町村にあるすべての土地の所在地・地籍・地目・固定資産評価額が記載されています。

ただし、評価証明書は市町村ごとに取得しなければなりません。なお、毎年４月頃市町村から送られてくる固定資産税の納税通知書には、課税明細書が添付されています。

課税明細書には、土地や家屋について所在地、面積、評価額などが記載されていますから、これを参考にすべての土地の評価証明書を入手します。

次に、法務局でそれぞれの土地について、①登記事項証明書、②公図、③あれば地籍測量図、を入手します。

⑵　土地の評価方法を確認する

土地の評価方法には、「路線価方式」と「倍率方式」があります。どちらで評価するかは国税庁のホームページ（http://www.rosenka.nta.go.jp）の「倍率表」（図表９）で確認することができます。

「倍率表」で「路線」と書かれている地域は路線価方式で評価します。「倍率表」で「比準」と書かれているのは、「宅地比準方式」の略です。「宅地比準方式」では、宅地であるとして評価した価額から宅地造成費用を控除した価額で評価します。

路線価とは、路線（道路）に面する土地の１㎡当たりの価額のことで、毎

【図表9　令和2年分倍率表】

令和 2年分　　　　倍　率　表　　　　1頁

市区町村名：八王子市　　　　八王子税務署

音順	町（丁目）又は大字名	適用地域名	借地権割合	固定資産税評価額に乗ずる倍率等						
				宅地	田	畑	山林	原野	牧場	池沼
			%	倍	倍	倍	倍	倍	倍	倍
あ	暁町１・２丁目	中野西土地区画整理事業区域		個別	個別	個別	個別	個別		
		上記以外の地域	－	路線	比準	比準	比準	比準		
	暁町３丁目	国道１６号線（東京環状線）沿い	60	1.1	比準	比準	比準	比準		
		上記以外の地域	60	1.1	比準	比準	比準	比準		
	旭　町	全域	－	路線	比準	比準	比準	比準		
	東　町	全域	－	路線	比準	比準	比準	比準		
い	石川町	一部	－	路線	比準	比準	比準	比準		
		上記以外の地域	60	1.1	比準	比準	比準	比準		
	泉　町	市街化調整区域	50	1.4			中　27	中　27		
		市街化区域	－	路線	比準	比準	比準	比準		
	犬目町	市街化調整区域	50	1.2	中　22	中　30	中　37	中　37		
		市街化区域								
		1　主要地方道４６号　八王子あきる野線（高尾街道）沿い	60	1.2	比準	比準	比準	比準		
		2　上記を除く主要地方道４６号　八王子あきる野線（高尾街道）以西の地域	60	1.1	比準	比準	比準	比準		
		3　上記以外の地域	60	1.1	比準	比準	比準	比準		
う	上野町	全域	－	路線	比準	比準	比準	比準		
	打越町	市街化調整区域	50	1.4		中　57	中　63	中　63		
		市街化区域	－	路線	比準	比準	比準	比準		
	宇津木町	一部	－	路線	比準	比準	比準	比準		
		宇津木土地区画整理事業区域		個別	個別	個別	個別	個別		
		上記以外の地域	60	1.1	比準	比準	比準	比準		
	宇津貫町	市街化調整区域	50	1.2	中　26	中　39	中　50	中　50		
		市街化区域	60	1.1	比準	比準	比準	比準		
	梅坪町	全域	60	1.1	比準	比準	比準	比準		
	裏高尾町	市街化調整区域	50	1.1	純　14	純　22	純　1.5	純　1.5		
		市街化区域	50	1.1	比準	比準	比準	比準		
お	追分町	全域	－	路線	比準	比準	比準	比準		

年国税庁がその年の路線価を7月1日に公表します。路線価は、その年の1月1日の公示価格のおおよそ80％に設定されています。これも、国税庁のホームページ（30pのＵＲＬと同じ）で確認することができます。

倍率方式とは、路線価が決められていない地域の評価方法です。この場合の土地の評価は、土地の固定資産税評価額に一定の倍率（倍率は地域により異なります）を掛けて計算します。倍率は、同じく国税庁のホームページ（30pのＵＲＬと同じ）で確認できます。

図表9の令和2年分倍率表を見ると、八王子市暁町3丁目にある宅地は1.1倍となっており、固定資産評価額に1.1を掛けた金額がその宅地の相続税評価額となります。

⑶　路線価方式による宅地の評価

相続税申告に当たり難解なのが、路線価方式による宅地の評価です。路線価は、主に市街地にある宅地の評価をするときに用いられます。路線価は毎年変動しますので、必ず被相続人が死亡した年の路線価図を使用しなければなりません。

路線価の見方ですが、対象となる宅地の住居表示を基に対象となる土地に接する道路に記載されている路線価の金額（千円単位）を確認します。具体的な見方については図表10をご覧ください。

一方の道路に面している正方形の宅地であれば、路線価に面積を乗じた金額がその宅地の評価額になります。しかし、現実には宅地の形状がいびつであったり、利用価値が低い宅地は路線価に減額補正を加えて評価します。逆に、角地であったりして利便性がよい宅地の場合は増額補正を加えて評価します。これを「画地調整率」（図表11参照）といいます。

したがって、路線価方式で評価するとわかった場合は、その土地の形状、間口、奥行の距離、道路との位置関係のわかるものを用意する必要があります。このとき、土地を購入したときの実測図や建物を建築したときの図面などがあると大変便利です。

もし、これらの図面が見つからない場合には、自分で間口、奥行の距離を測って土地の略図を作成します。

【図表 10　路線図の説明】（国税庁のホームページより）

路線価図の説明

路線価は、路線（道路）に面する標準的な宅地の１平方メートル当たりの価額（千円単位で表示しています。）のことであり、路線価が定められている地域の土地等を評価する場合に用います。

なお、路線価が定められていない地域については、その市区町村の「評価倍率表」をご覧ください。

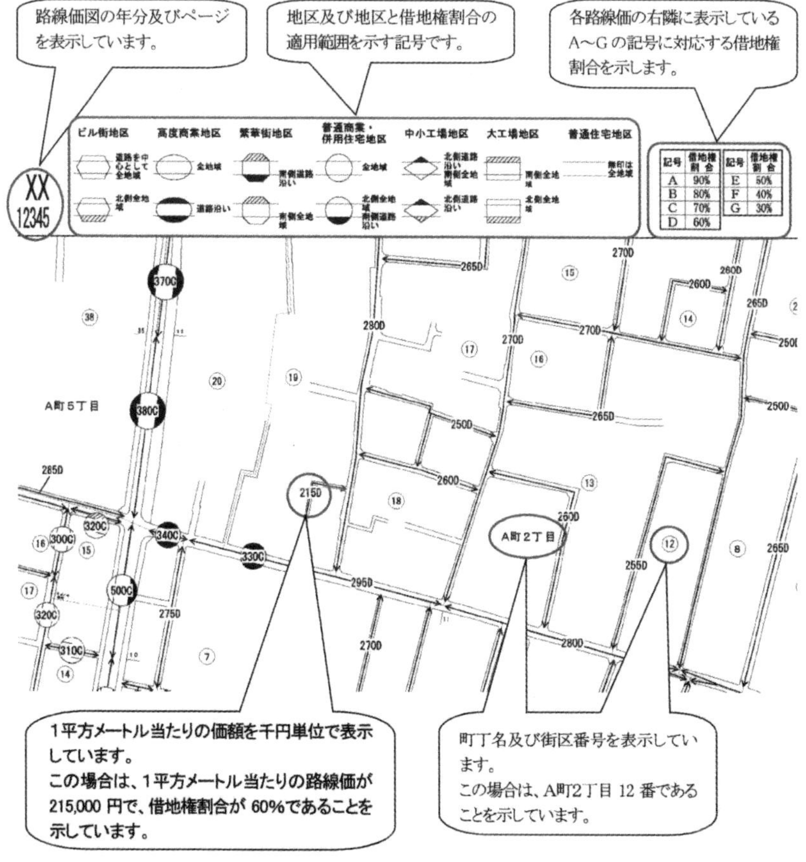

相続税又は贈与税の申告に際し、路線価の設定されていない道路のみに接している宅地の評価をするために、特定路線価の設定の申出が必要となる場合があります。

詳しくは、「［手続名］特定路線価設定申出書 」をご覧ください。

【図表 11　画地調整率表】

宅地の状況	画地調整率	路線価に対して
平均的な奥行に比べて短いか長い	奥行価格補正率	減額補正
角地にある	側方路線影響加算率	増額補正
裏側にも路線価道路がある	二方路線影響加算率	増額補正
間口が狭い	間口狭小補正率	減額補正
間口に対して奥行が長い	奥行長大補正率	減額補正
三角形など形状が長方形や正方形でなく、いびつである	不整形地補正率	減額補正
通常の土地より大きな土地	規模格差補正率	減額補正
がけ地である	がけ地補正率	減額補正

路線価方式で土地を評価する場合、「土地及び土地の上に存する権利の評価明細書」を使用します。

第 1 表が自用地としての評価額を計算する明細書で、第 2 表が土地の利用区分に応じて自用地としての評価額から借地権や賃借権などがある場合に、各種権利関係を考慮して評価額を計算する明細書です（図表 37-1・2 参照）。

土地の形状が正方形や長方形の場合は、図表 12 のように評価すればよいため、一般の納税者でもあまり評価を間違えることはないでしょう

しかし、それ以外の形状などの土地を路線価方式による評価する場合は、土地の形状や間口、奥行の距離、道路との位置関係によって、上記の画地調整率が土地の評価に影響されるため、評価額が大きく変わってきます。

そのため、一般の納税者がご自身で評価することは無理があると思われますので、税の専門家に土地の評価だけでも依頼されることをおすすめします。

なお、最近は一戸建住宅だけでなく、マンションを所有していることも多くなりました。

マンションの敷地の用に供されている宅地の価額は、その敷地全体を一区画として評価し、その価額にその所有者の共有部分の持分の割合を掛けた金額で評価します。

【図表 12　路線価方式での評価の計算例】(国税庁のホームページより)

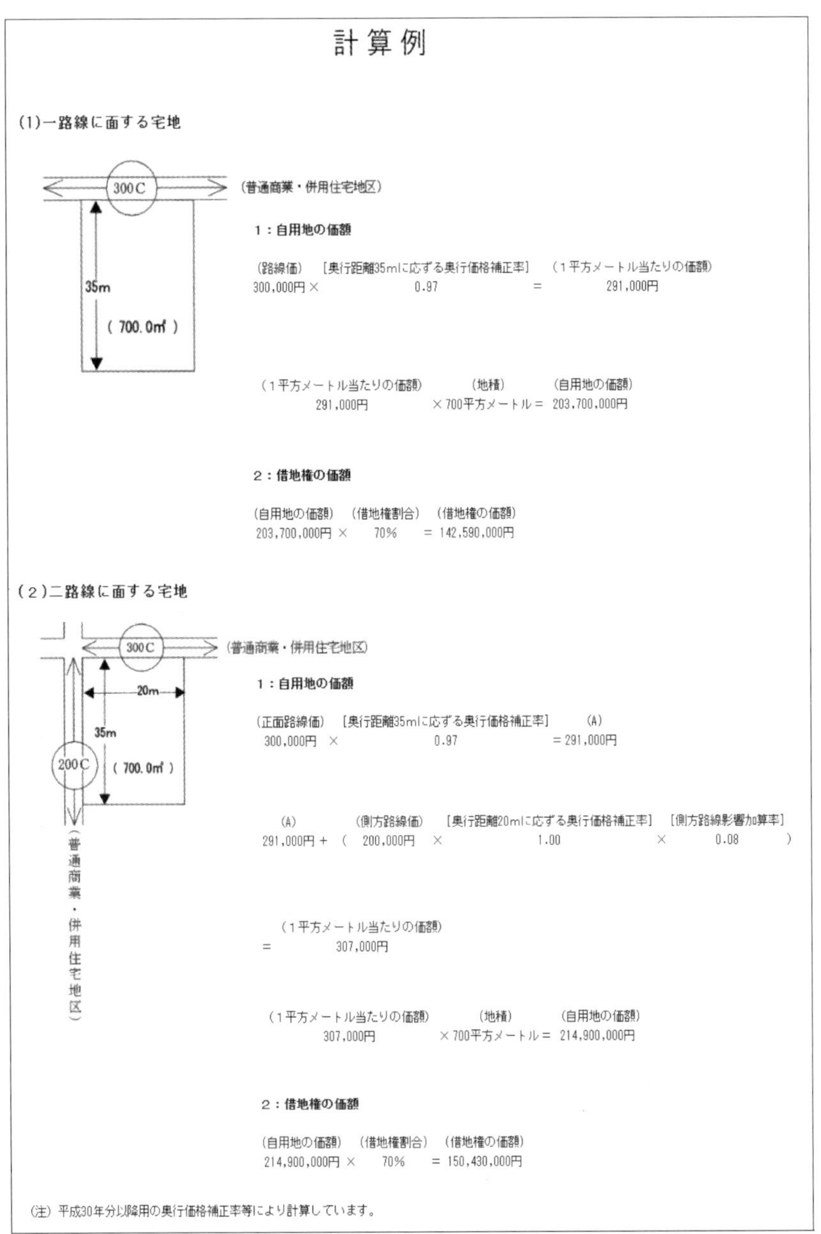

計算例
(1)一路線に面する宅地
300C
(普通商業・併用住宅地区)
35m
(700.0㎡)
1：自用地の価額
(路線価)　[奥行距離35mに応ずる奥行価格補正率]　(1平方メートル当たりの価額)
300,000円 ×　0.97　=　291,000円
(1平方メートル当たりの価額)　(地積)　(自用地の価額)
291,000円　× 700平方メートル =　203,700,000円
2：借地権の価額
(自用地の価額)　(借地権割合)　(借地権の価額)
203,700,000円 ×　70%　= 142,590,000円
(2)二路線に面する宅地
300C
(普通商業・併用住宅地区)
20m
35m
200C
(700.0㎡)
(普通商業・併用住宅地区)
1：自用地の価額
(正面路線価)　[奥行距離35mに応ずる奥行価格補正率]　(A)
300,000円 ×　0.97　= 291,000円
(A)　(側方路線価)　[奥行距離20mに応ずる奥行価格補正率]　[側方路線影響加算率]
291,000円 + (200,000円 ×　1.00　×　0.08)
(1平方メートル当たりの価額)
=　307,000円
(1平方メートル当たりの価額)　(地積)　(自用地の価額)
307,000円　× 700平方メートル =　214,900,000円
2：借地権の価額
(自用地の価額)　(借地権割合)　(借地権の価額)
214,900,000円 ×　70%　= 150,430,000円
(注) 平成30年分以降用の奥行価格補正率等により計算しています。

【図表 13　奥行価格補正率表】

<table>
<tr><th>地区区分
奥行距離
(メートル)</th><th>ビル街地区</th><th>高度商業地区</th><th>繁華街地区</th><th>普通商業・併用住宅地区</th><th>普通住宅地区</th><th>中小工場地区</th><th>大工場地区</th></tr>
<tr><td>4未満</td><td rowspan="2">0.80</td><td>0.90</td><td>0.90</td><td>0.90</td><td>0.90</td><td>0.85</td><td>0.85</td></tr>
<tr><td>4以上6未満</td><td>0.92</td><td>0.92</td><td>0.92</td><td>0.92</td><td>0.90</td><td>0.90</td></tr>
<tr><td>6 〃　8 〃</td><td>0.84</td><td>0.94</td><td>0.95</td><td>0.95</td><td>0.95</td><td>0.93</td><td>0.93</td></tr>
<tr><td>8 〃　10 〃</td><td>0.88</td><td>0.96</td><td>0.97</td><td>0.97</td><td>0.97</td><td>0.95</td><td>0.95</td></tr>
<tr><td>10 〃　12 〃</td><td>0.90</td><td>0.98</td><td>0.99</td><td>0.99</td><td rowspan="5">1.00</td><td>0.96</td><td>0.96</td></tr>
<tr><td>12 〃　14 〃</td><td>0.91</td><td>0.99</td><td rowspan="5">1.00</td><td rowspan="6">1.00</td><td>0.97</td><td>0.97</td></tr>
<tr><td>14 〃　16 〃</td><td>0.92</td><td rowspan="9">1.00</td><td>0.98</td><td>0.98</td></tr>
<tr><td>16 〃　20 〃</td><td>0.93</td><td>0.99</td><td>0.99</td></tr>
<tr><td>20 〃　24 〃</td><td>0.94</td><td rowspan="10">1.00</td><td rowspan="21">1.00</td></tr>
<tr><td>24 〃　28 〃</td><td>0.95</td><td>0.97</td></tr>
<tr><td>28 〃　32 〃</td><td>0.96</td><td>0.98</td><td>0.95</td></tr>
<tr><td>32 〃　36 〃</td><td>0.97</td><td>0.96</td><td>0.97</td><td>0.93</td></tr>
<tr><td>36 〃　40 〃</td><td>0.98</td><td>0.94</td><td>0.95</td><td>0.92</td></tr>
<tr><td>40 〃　44 〃</td><td>0.99</td><td>0.92</td><td>0.93</td><td>0.91</td></tr>
<tr><td>44 〃　48 〃</td><td rowspan="12">1.00</td><td>0.90</td><td>0.91</td><td>0.90</td></tr>
<tr><td>48 〃　52 〃</td><td>0.99</td><td>0.88</td><td>0.89</td><td>0.89</td></tr>
<tr><td>52 〃　56 〃</td><td>0.98</td><td>0.87</td><td>0.88</td><td>0.88</td></tr>
<tr><td>56 〃　60 〃</td><td>0.97</td><td>0.86</td><td>0.87</td><td>0.87</td></tr>
<tr><td>60 〃　64 〃</td><td>0.96</td><td>0.85</td><td>0.86</td><td>0.86</td><td>0.99</td></tr>
<tr><td>64 〃　68 〃</td><td>0.95</td><td>0.84</td><td>0.85</td><td>0.85</td><td>0.98</td></tr>
<tr><td>68 〃　72 〃</td><td>0.94</td><td>0.83</td><td>0.84</td><td>0.84</td><td>0.97</td></tr>
<tr><td>72 〃　76 〃</td><td>0.93</td><td>0.82</td><td>0.83</td><td rowspan="2">0.83</td><td rowspan="2">0.96</td></tr>
<tr><td>76 〃　80 〃</td><td>0.92</td><td>0.81</td><td>0.82</td></tr>
<tr><td>80 〃　84 〃</td><td>0.90</td><td rowspan="6">0.80</td><td>0.81</td><td rowspan="2">0.82</td><td rowspan="2">0.93</td></tr>
<tr><td>84 〃　88 〃</td><td>0.88</td><td rowspan="5">0.80</td></tr>
<tr><td>88 〃　92 〃</td><td>0.86</td><td rowspan="3">0.81</td><td rowspan="4">0.90</td></tr>
<tr><td>92 〃　96 〃</td><td>0.99</td><td>0.84</td></tr>
<tr><td>96 〃　100 〃</td><td>0.97</td><td>0.82</td></tr>
<tr><td>100 〃</td><td>0.95</td><td>0.80</td><td>0.80</td></tr>
</table>

【図表 14　側方路線影響加算率表】

<table>
<tr><th rowspan="2">地区区分</th><th colspan="2">加算率</th></tr>
<tr><th>角地の場合</th><th>準角地の場合</th></tr>
<tr><td>ビル街地区</td><td>0.07</td><td>0.03</td></tr>
<tr><td>高度商業地区　繁華街地区</td><td>0.10</td><td>0.05</td></tr>
<tr><td>普通商業・併用住宅地区</td><td>0.08</td><td>0.04</td></tr>
<tr><td>普通住宅地区　中小工業地区</td><td>0.03</td><td>0.02</td></tr>
<tr><td>大工場地区</td><td>0.02</td><td>0.01</td></tr>
</table>

⑷　貸家建付地

賃貸アパートや賃貸マンションを建てて賃貸すると、土地は「貸家建付地」として次の算式で評価しますので、更地より相続税評価額は下がります。

貸家建付地 ＝ 自用地評価×（1 －借地権割合×借家権割合×賃貸割合）

（注）1．借家権割合は、全国すべての地域で 30 %です。

　　　2．賃貸割合 ＝ 賃貸している床面積 / 建物の床面積の合計

なお、自用地とは、自分で所有し自分で使用している土地のことで、自用地評価とは、自用地を路線価方式か倍率方式で評価した金額のことです

アパート・マンションの賃貸割合の算定においては、相続時点でたまたま一時的に空室だった場合には空室部分も賃貸されているものとして取り扱って評価してよいことになっています。

さらに、後述する小規模宅地等の評価減の適用ができれば、200㎡までの部分については評価額が 50%下がります。

2．建物

建物は、原則として固定資産税評価額により評価します。固定資産税評価証明書は、建物が所在する市町村役場又は都税事務所に交付申請すれば入手することができます。

評価証明書には、その市町村にあるすべての建物の所在地・建物の種類・構造・床面積・固定資産税評価額が記載されています。

ただし、評価証明書は市町村ごとに取得しなければなりません。

賃貸マンションなどの建物は「貸家」なります。貸家は、次の算式で評価はします。

貸家 ＝ 固定資産税評価×（1 －借家権割合）×賃貸割合

（注）1．借家権割合は、全国すべての地域で 30 %です。

　　　2．賃貸割合 ＝ 賃貸している床面積 / 建物の床面積の合計

3．預貯金

被相続人が死亡した日現在の残高証明書を金融機関から入手します。その際、定期預金については、その預金の預入年月日・預金期間・利率などについても記載してもらうと便利です。

定期預金などは、預金元本金額に既経過利息の金額（被相続人が死亡した日にその定期預金を解約したと仮定した場合に支払いを受けることができる既経過利息相当額から、その利息相当額に対する源泉所得税相当額を控除した残高をいいます）を加算した金額によって評価することになっているからです。

もちろん、普通預金であれば、被相続人が死亡した日まで記帳済みの通帳があれば、特に問題はありません。

普通預金の存在が明らかになるのは、通帳の存在がわかるからですが、相続人がその存在を知らない普通預金があることがあります。実際、相続人も把握できず、税務署に税務調査で指摘されて、初めてわかったというケースもあります。

被相続人が親族のために、親族名義で預金をすることがあります。これを名義預金といいます。単に親族の名義を借りた預貯金は被相続人の相続財産とされます。

名義預金かどうかを判断するポイントは、主に次の３つです。

① 被相続人と同じ印鑑を使っている
② 通帳や印鑑を被相続人が管理している
③ 贈与の事実が明らかでない

もし、相続人が知らない預金通帳が見つかれば、相続財産として申告することになります。

4．現金

被相続人が死亡した日の現金残高も相続財産になります。被相続人の死期が近づいているという場合には、葬式費用その他の費用の支払いにあてるため、まとまった金額の預金の払い戻しを行い、その現金を自宅などに保管していることが多くあります。

当然ながら、この現金は、死亡日現在の現金残高として相続財産になります。

5．上場株式

⑴ 所有株数を把握する

被相続人が死亡した日現在で所有していた株数を把握する必要がありますので、証券会社の口座別に残高明細を入手します。

株式がある場合には、普通預金通帳に株式等の配当金が入金されていますので、それを目印に確認していきます。

名義株は、名義預金と同様に税務調査で申告漏れを指摘されることが多い財産です。

名義預金と同じように、相続人が把握していない上場株式があれば、相続財産として申告することになります。

⑵ 株価を確認する

上場株式の価額は、①被相続人が死亡した日の終値、②死亡した月中の終値の平均、③死亡した日の前月中の終値の平均、④死亡した日の前々月の終値の内、一番安い価額によって評価することになっています。これは証券会社で確認できます。

⑶ 上場株式の評価明細書を作成する

上場株式を評価する場合、図表 15 の「上場株式の評価明細書」を使用します。上場株式の評価明細書の下欄の記載要領に従って、銘柄別に記載していきます。

【図表 15　上場株式の評価証明書】

上　場　株　式　の　評　価　明　細　書

銘　　柄	取引所等の名称	課税時期の最終価格		最終価格の月平均額			評価額（①の金額又は①から④までのうち最も低い金額）	増資による権利落等の修正計算その他の参考事項
		月　日	① 価　額	課税時期の属する月	課税時期の属する月の前月	課税時期の属する月の前々月		
				②　月	③　月	④　月		
			円	円	円	円	円	

記載方法等

1　**「取引所等の名称」**欄には、課税時期の最終価格等について採用した金融商品取引所名及び市場名を、例えば、東京証券取引所の市場第１部の最終価格等を採用した場合には、「東１」と記載します。

2　**「課税時期の最終価格」**の**「月日」**欄には、課税時期を記載します。ただし、課税時期に取引がない場合等には、課税時期の最終価格として採用した最終価格についての取引月日を記載します。

3　**「最終価格の月平均額」**の「②」欄、「③」欄及び「④」欄には、それぞれの月の最終価格の月平均額を記載します。ただし、最終価格の月平均額について増資による権利落等の修正計算を必要とする場合には、修正計算後の最終価格の月平均額を記載するとともに、修正計算前の最終価格の月平均額をかっこ書きします。

4　**「評価額」**欄には、負担付贈与又は個人間の対価を伴う取引により取得した場合には、「①」欄の金額を、その他の場合には、「①」欄から「④」欄までのうち最も低い金額を記載します。

5　各欄の金額は、各欄の表示単位未満の端数を切り捨てます。

（資４－30－Ａ４標準）

6．証券投資信託

⑴　残高証明書を入手する

被相続人が死亡した日現在で所有していた証券投資信託の銘柄や口数を把握する必要がありますので、証券会社などの口座別に残高明細書を入手します。

⑵　受益証券の１口当たりの基準価額を確認する

証券投資信託の受益証券の１口当たりの基準価額は、証券会社などに証券投資信託の評価証明を依頼することができますので、評価証明書を入手してください。

7．生命保険金

被相続人の死亡により生命保険会社から受け取った生命保険金は、被相続人が保険料を負担していた場合、これを相続により取得したものとみなして相続税の課税対象となります。

ただし、相続人が受け取った生命保険金は、500 万円×法定相続人の数まで非課税となります。

なお、生命保険金の支払いを受ける際に、生命保険会社からもらった支払明細書を大切に保存しておいてください。

8．定期金

⑴　定期金とは

定期金とは、「定期金に関する権利」のことで、保険金や年金などをある一定期間、定期的に受け取る権利をいいます。若いうちに保険料を払っておき、65 歳から 10 年間にわたり年金が支払われる個人年金契約などが該当します。

定期金の評価に当たっては、生命保険会社等から届く定期金の支払明細書を大切に保存しておいてください。

⑵ 定期金の評価方法

定期金を評価する場合は、図表 16 の「定期金に関する権利の評価明細書」を使用します。

定期金に関する権利の評価方法は、まず、定期金の給付事由が発生しているもの（年金支給開始年齢に達した）と発生していないものとに区別されます。

定期金の給付事由が発生しているものは、さらに、「有期定期金」、「無期定期金」及び「終身定期金」に分けられます。定期金の給付事由が発生していないものは、「契約に解約返戻金を支払う定めがない場合」とそれ以外の場合とに分けられます。

① 有期定期金の評価

有期定期金とは、例えば 20 年間など一定期間給付を受ける期間が決まっており、定期金の給付事由が発生しているものになります。

有期定期金は、「解約返戻金の金額」、「定期金に代えて給付を受けることができる一時金の金額」及び「１年間に受けるべき定期金の平均額×複利年金現価率」のうち、いずれか多い金額が評価額になります

複利年金現価率とは、一定の金銭に対して、それを定期的に積み立てて一定の利回りで複利運用した場合の現在価値を求めるのに用いる率のことです（図表 17 参照）。

② 無期定期金の評価

無期定期金とは、定期金の給付事由が発生しており、永久に給付を受けることのできるもので、実際にはほとんど見られません。

無期定期金は、「解約返戻金の金額」、「定期金に代えて給付を受けることができる一時金の金額」及び「１年間に受けるべき定期金の平均額÷予定利率」のうち、いずれか多い金額が評価額になります。

【図表16　定期金に関する権利の評価明細書】

定期金に関する権利の評価明細書

（平成二十二年度改正法適用分）

被相続人氏名	

定期金又は契約の名称			
定期金の給付者　氏名又は名称		住所又は所在地	
定期金に関する権利を取得した者			
定期金給付契約に関する権利の取得年月日	平成　年　月　日		

1　定期金の給付事由が発生しているもの

(1) 有期定期金	解約返戻金の金額	一時金の金額	⑨の金額	評価額（①、②又は③のいずれか多い金額）	
	①　円	②　円	③　円	④　円	
③の計算	定期金給付契約に基づく定期金の給付が終了する年月日	平成　年　月　日			
	1年当たりの平均額	予定利率	給付期間の年数	複利年金現価率	⑤×⑧の金額
	⑤　円	⑥　%	⑦　年	⑧	⑨　円

(2) 無期定期金	解約返戻金の金額	一時金の金額	⑯の金額	評価額（⑩、⑪又は⑫のいずれか多い金額）
	⑩　円	⑪　円	⑫　円	⑬　円
⑫の計算	1年当たりの平均額	予定利率	⑭÷⑮の金額	
	⑭　円	⑮　%	⑯　円	

(3) 終身定期金	解約返戻金の金額	一時金の金額	㉕の金額	評価額（⑰、⑱又は⑲のいずれか多い金額）	
	⑰　円	⑱　円	⑲　円	⑳　円	
⑲の計算	定期金給付契約の目的とされた者の生年月日及び性別	年　月　日（男・女）			
	1年当たりの平均額	予定利率	余命年数	複利年金現価率	㉑×㉔の金額
	㉑　円	㉒　%	㉓　年	㉔	㉕　円

	④の金額	⑳の金額	評価額
(4) 権利者に対し、一定期間、かつ、定期金給付契約の目的とされた者の生存中定期金を給付する契約に基づくもの	㉖　円	㉗　円	（㉖又は㉗のいずれか少ない金額）㉘　円
(5) 定期金給付契約の目的とされた者の生存中定期金を給付し、かつ、その者が死亡したときは権利者又は遺族等に定期金を給付する契約に基づくもの	㉙　円	㉚　円	（㉙又は㉚のいずれか多い金額）㉛　円

2　定期金の給付事由が発生していないもの

(1) 契約に解約返戻金を支払う定めがない場合	定期金給付契約に基づく掛金又は保険料の払込開始年月日		昭和／平成　年　月　日			
イ　掛金又は保険料が一時に払い込まれた場合	払込金額	予定利率	経過期間の年数	複利終価率	㋑×㋥の金額	評価額（㋭×$\frac{90}{100}$）
	㋑　円	㋺　%	㋩　年	㋥	㋭　円	㋬　円
ロ　イ以外の場合	1年当たりの平均額	予定利率	払込済期間の年数	複利年金終価率	㋣×㋦の金額	評価額（㋸×$\frac{90}{100}$）
	㋣　円	㋠　%	㋷　年	㋦	㋸　円	㋾　円

(2) (1)以外の場合	評価額（解約返戻金の金額）
	㋻　円

（資4－34－A4統一）

【図表 17　複利年金現価率表】

横：利率(%) 縦：期　数	0.5	1.0	1.5	2.0	2.5	3.0	3.5	4.0
1	0.995	0.990	0.985	0.980	0.976	0.971	0.966	0.962
2	1.985	1.970	1.956	1.942	1.927	1.913	1.900	1.886
3	2.970	2.941	2.912	2.884	2.856	2.829	2.802	2.775
4	3.950	3.902	3.854	3.808	3.762	3.717	3.673	3.630
5	4.926	4.853	4.783	4.713	4.646	4.580	4.515	4.452
6	5.896	5.795	5.697	5.601	5.508	5.417	5.329	5.242
7	6.862	6.728	6.598	6.472	6.349	6.230	6.115	6.002
8	7.823	7.652	7.486	7.325	7.170	7.020	6.874	6.733
9	8.779	8.566	8.361	8.162	7.971	7.786	7.608	7.435
10	9.730	9.471	9.222	8.983	8.752	8.530	8.317	8.111
11	10.677	10.368	10.071	9.787	9.514	9.253	9.002	8.760
12	11.619	11.255	10.908	10.575	10.258	9.954	9.663	9.385
13	12.556	12.134	11.732	11.348	10.983	10.635	10.303	9.986
14	13.489	13.004	12.543	12.106	11.691	11.296	10.921	10.563
15	14.417	13.865	13.343	12.849	12.381	11.938	11.517	11.118
16	15.340	14.718	14.131	13.578	13.055	12.561	12.094	11.652
17	16.259	15.562	14.908	14.292	13.712	13.166	12.651	12.166
18	17.173	16.398	15.673	14.992	14.353	13.754	13.190	12.659
19	18.082	17.226	16.426	15.678	14.979	14.324	13.710	13.134
20	18.987	18.046	17.169	16.351	15.589	14.877	14.212	13.590
21	19.888	18.857	17.900	17.011	16.185	15.415	14.698	14.029
22	20.784	19.660	18.621	17.658	16.765	15.937	15.167	14.451
23	21.676	20.456	19.331	18.292	17.332	16.444	15.620	14.857
24	22.563	21.243	20.030	18.914	17.885	16.936	16.058	15.247
25	23.446	22.023	20.720	19.523	18.424	17.413	16.482	15.622
26	24.324	22.795	21.399	20.121	18.951	17.877	16.890	15.983
27	25.198	23.560	22.068	20.707	19.464	18.327	17.285	16.330
28	26.068	24.316	22.727	21.281	19.965	18.764	17.667	16.663
29	26.933	25.066	23.376	21.844	20.454	19.188	18.036	16.984
30	27.794	25.808	24.016	22.396	20.930	19.600	18.392	17.292

③　終身定期金の評価

終身定期金とは、定期金の給付事由が発生しており、亡くなるまで給付を受けることができるものになります。

「解約返戻金の金額」、「定期金に代えて給付を受けることができる一時金の金額」及び「1年間に受けるべき定期金の平均額×定期金給付契約の目的とされた者（被相続人）の平均余命に応じた予定利率による複利年金現価率」のうち、いずれか多い金額が評価額になります。

複利年金現価率表を用いる終身定期金の評価は、計算が複雑ですから、税の専門家にご相談されることをおすすめします。

平均余命とは、ある年齢の人があと何年生きられるかという期待値のことです。平均余命については、厚生労働省が公表している「完全生命表」を参照してください。

④　解約返戻金を支払う定めがない場合

定期金の給付事由が発生していないもので、「解約返戻金を支払う定めがない場合」の評価は２種類に分かれています。

a　掛金又は保険料が一時に払い込まれた場合

「掛金の払込開始時から経過した期間につき、掛金の払込金額に対し、予定利率の複利計算をして出た元利の合計額」× 90/100

b　a以外の場合

「経過した期間につき払い込まれた掛金の１年当たりの平均額」×「予定利率による複利年金終価率」× 90/100

解約返戻金がない場合の定期金の評価については、図表18の複利年金終価率表を使用するため、計算が複雑になりますので、税の専門家にご相談されることをおすすめします。

【図表18　複利年金終価率表】

横：利率(%) 縦：期　数	0.5	1.0	1.5	2.0	2.5	3.0	3.5	4.0
1	1.000	1.000	1.000	1.000	1.000	1.000	1.000	1.000
2	2.005	2.010	2.015	2.020	2.025	2.030	2.035	2.040
3	3.015	3.030	3.045	3.060	3.076	3.091	3.106	3.122
4	4.030	4.060	4.091	4.122	4.153	4.184	4.215	4.246
5	5.050	5.101	5.152	5.204	5.256	5.309	5.362	5.416
6	6.076	6.152	6.230	6.308	6.388	6.468	6.550	6.633
7	7.106	7.214	7.323	7.434	7.547	7.662	7.779	7.898
8	8.141	8.286	8.433	8.583	8.736	8.892	9.052	9.214
9	9.182	9.369	9.559	9.755	9.955	10.159	10.368	10.583
10	10.228	10.462	10.703	10.950	11.203	11.464	11.731	12.006
11	11.279	11.567	11.863	12.169	12.483	12.808	13.142	13.486
12	12.336	12.683	13.041	13.412	13.796	14.192	14.602	15.026
13	13.397	13.809	14.237	14.680	15.140	15.618	16.113	16.627
14	14.464	14.947	15.450	15.974	16.519	17.086	17.677	18.292
15	15.537	16.097	16.682	17.293	17.932	18.599	19.296	20.024
16	16.614	17.258	17.932	18.639	19.380	20.157	20.971	21.825
17	17.697	18.430	19.201	20.012	20.865	21.762	22.705	23.698
18	18.786	19.615	20.489	21.412	22.386	23.414	24.500	25.645
19	19.880	20.811	21.797	22.841	23.946	25.117	26.357	27.671
20	20.979	22.019	23.124	24.297	25.545	26.870	28.280	29.778
21	22.084	23.239	24.471	25.783	27.183	28.676	30.269	31.969
22	23.194	24.472	25.838	27.299	28.863	30.537	32.329	34.248
23	24.310	25.716	27.225	28.845	30.584	32.453	34.460	36.618
24	25.432	26.973	28.634	30.422	32.349	34.426	36.667	39.083
25	26.559	28.243	30.063	32.030	34.158	36.459	38.950	41.646
26	27.692	29.526	31.514	33.671	36.012	38.553	41.313	44.312
27	28.830	30.821	32.987	35.344	37.912	40.710	43.759	47.084
28	29.975	32.129	34.481	37.051	39.860	42.931	46.291	49.968
29	31.124	33.450	35.999	38.792	41.856	45.219	48.911	52.966
30	32.280	34.785	37.539	40.568	43.903	47.575	51.623	56.085

⑤　解約返戻金を支払う定めがある場合

定期金の給付事由が発生していないもので、「解約返戻金を支払う定めがない場合」以外の場合の評価は、解約返戻金の金額になります。

9．家庭用財産

家庭用財産は、原則として、それぞれ１個又は１組ごとに評価することになっていますが、１世帯ごとに評価することもできることになっています。

被相続人の相続財産の状況を総合的に判断して、全体でいくらくらいか適切に評価してください。

10．葬式費用

葬式費用として、相続財産から差し引くことができるのは、次のようなものです。

①　葬式にかかった費用
②　火葬、埋葬、納骨にかかった費用
③　葬式などの前後に生じた出費で通常葬式に必要不可欠な費用（例えばお通夜にかかった費用）
④　葬式に当たり、お寺などに対してお布施・戒名料・読経料などのお礼をした費用

11．債務

被相続人が死亡したときにあった借入金などの債務は、遺産総額から差し引くことができます。

銀行借入金などについては、被相続人が死亡した日現在の借入金残高と同

日までの未払利息が記載されている借入金残高証明書を入手してください。

ただし、団体信用保険が付いている借入金は、被相続人の死亡によって借入金がなくなりますから、債務として差し引くことはできません。

被相続人が死亡した日の前日までの電気・ガス・水道・電話料金なども債務になります。

被相続人が死亡した日現在で、未納になっている税金（所得税・固定資産税・住民税）も債務として、相続財産から差し引くことができます。固定資産税は１月１日時点の所有者に課税されることになっているため、その年分の固定資産税で未納の金額は債務として控除できます。

また、生前の入院費用を相続後に支払った場合も控除できます。

12. 相続開始前３年以内の贈与財産

被相続人から相続によって財産を取得した者が、同じ被相続人から、その被相続人が死亡した日前３年以内に財産の贈与を受けていた場合は、原則としてその財産を贈与されたときの相続財産の価額で加算します。

したがって、被相続人が死亡した日前３年以内に贈与を受けた財産がある場合は、その贈与を受けたものの氏名、贈与を受けた年月日、財産の種類、価額、支払った贈与税を調べておかなければなりません。

令和５年の相続税改正により、被相続人が死亡した日前３年以内とされている加算対象期間が７年に延長されます。また、延長される期間（４から７年前）に贈与された財産については、その金額から100万円を控除した残額が加算の対象となります。具体的には、

① 被相続人が死亡した日が令和６年１月１日から令和８年12月31日までの間の場合は、今と変わらず、３年内に贈与を受けた財産のみを加算します。

② 被相続人が死亡した日が令和９年１月１日から令和12年12月31日の間の場合は、３年以内の贈与財産に加えて、令和６年１月１日以後に贈与を受けた財産から100万円を控除した金額が加算されます。

③　被相続人が死亡した日が令和１３年１月１日以降の場合は、３年内の贈与財産に加えて、４年前から７年前の間に贈与を受けた財産から 100 万円を控除した金額が加算されます。

13. 相続時精算課税制度の適用を受けた財産

⑴　相続時精算課税制度とは

相続時精算課税制度は、生前の贈与に 2,500 万円までの特別控除を認めるものです。2,500 万円までなら何回でも贈与することが可能です。贈与する回数や財産の種類には制限はありません。

ただし、2,500 万円を超えた部分には一律 20％の贈与税がかかります。

⑵　適用対象者

令和４ 年１月１日より、親（贈与者）が贈与した年の１月１日において 60 歳以上・子及び孫（受贈者）が 18 歳以上であれば、相続時精算課税制度を使えるように改正されました。

しかし、いったん相続時精算課税制度を選択すると、贈与税の暦年贈与は適用できなくなりますので、相続時精算課税制度を使うかどうかは、しっかりと見極める必要があります。

⑶　相続税との関係

贈与者が亡くなったときの相続税の計算上、相続時精算課税制度を適用した財産の相続税評価額は、贈与時点の相続税評価額となります。

次に、相続時精算課税制度を適用した財産については、通常の相続税申告の場合に使える「小規模宅地等の特例」が適用できなくなりますので、注意が必要です。

⑷　相続時精算課税制度を選択するには

相続時精算課税制度を選択した場合、贈与税の申告書と相続時精算課税選択届出書を税務署に提出しなければなりません。

また、翌年以降も相続時精算課税制度を選択した当事者間で贈与があると贈与税の申告書を提出しなければなりません。

したがって、贈与税の申告書の控えが受贈者側に保管されているはずですから、相続財産の把握は比較的容易です。

また、平成 15 年 1 月 1 日以後に贈与により取得した財産に係る贈与税の課税価額の合計額について、その開示請求を被相続人死亡時の住所地の所轄税務署長宛にすることができるようになりました。

⑸ 相続時精算課税制度の改正

令和 5 年の相続税改正により、令和 6 年 1 月 1 日以降、暦年課税の基礎控除年間 110 万円とは別途、年間 110 万円までは相続時精算課税の申告を不要とする基礎控除が新設されます。この基礎控除は相続の際にも適用され、相続税の課税対象は基礎控除後の残額のみ（＝年間 110 万円を超える部分として過去に贈与税の申告をしていた部分のみ）が対象となります。また、災害で一定の被害を受けた土地建物については、相続税の課税対象額（＝贈与時の価値相当額）からその被害相当額を減額できることとなりました。

14. 相続人調査

相続税の申告が必要かどうか判断するときには、正味の遺産額が遺産に係る基礎控除額を超えるかどうかの計算をしなければなりません。この遺産に係る基礎控除額は、法定相続人の人数によって決まります。

したがって、法定相続人が何人いるかを確認するためには、どうしても被相続人の除籍の戸籍謄本と相続人全員の戸籍謄本が必要になります。

具体的には、被相続人の本籍地を管轄する市町村で、被相続人の相続開始時の除籍の戸籍謄本を取得し、その後、順次従前の戸籍謄本や改製原戸籍を取得していくことになります。

なお、配偶者の税額軽減の適用を受けるためにも戸籍謄本が必要とされています。

それでは、戸籍謄本、除籍謄本、改製原戸籍謄本とは、どのようなものでしょうか。

戸籍謄本とは、戸籍内の全員の内容を複写した書面のことです。電算化された横書きの戸籍が導入されている自治体では戸籍全部事項証明書といいます。

除籍謄本とは、戸籍内の全員がその戸籍から抜けた状態の戸籍をいいます。

改製原戸籍謄本とは、戸籍制度の改正により戸籍のスタイルが変更された際の書換え前の戸籍謄本をいいます。明治時代の初めに全国統一の戸籍がつくられてから現在までに何度か戸籍制度が改正されていますが、その度に書換え前の戸籍は、すぐに破棄されずに改製原戸籍と呼ばれて保管されてきました。

戸籍が改製されると、書換え前の戸籍に書かれていた記載の一部が省略されますし、最新の戸籍には盛られていない情報が除籍謄本から見つかる場合もありますから、どうしても改製原戸籍や除籍謄本を入手する必要があるのです。

ところで、戸籍謄本を収集して、相続人が誰かを確認していくと、意外にも被相続人が再婚していて、前妻（夫）との間に子がいたり、養子縁組があったり、子供を認知していたりと、思いがけない相続人が見つかる場合があります。このようなケースでは、多くの場合遺産分割協議が難航することになります。極端な例では、相続人であると思っていた人が相続に無関係であるというケースもあります。

戸籍謄本を取得するには、本籍地のある市区町村役場に対して申請をして手続します。本籍地のある市区町村役場に出向けばその場で取得できます。また、本籍地が遠方の場合など、直接出向くことが難しい場合には、郵便での請求・取り寄せが可能です。本籍地の役所宛に、必要書類を揃えて送付します。郵送で取り寄せることも可能です。最近は、コンビニでも受け取ることができますが、市区町村がコンビニ交付を導入している必要があります。マイナンバーカードがあれば、コンビニのマルチコピー機で証明書が取得できる、とても便利なサービスです。

第４章

小規模宅地等の特例は必ず適用する

小規模宅地等の特例とは、相続税を計算する際に、相続人が取得した土地のうち一定の面積まで土地の評価額を80%（または50%）減額できるというものです。

例えば、小規模宅地等の特例の居住用宅地等に該当すれば、土地の評価額が5,000万円であったものが、特例（80%評価減）を使った後の評価額は1,000万円になり、相続税の評価額が大きく下がるのです。

その結果、正味の遺産額が遺産に係る基礎控除額の範囲内となると、相続税はかかりません。

事業や居住のための土地にも通常の相続税が課税されると、場合によっては納税ができなくなります。その結果、土地を売却しなければならなくなって事業が続けられなくなり、遺族がその土地に居住できなくならないように、小規模宅地等の特例が設けられています。

なお、特定居住用宅地等の特例は平成27年1月から適用限度面積が拡大されています。

相続税の基礎控除が引き下げられたため、新たに相続税の課税対象となった世帯層が、自宅の宅地について小規模宅地等の特例を受けることにより課税されなくなったり、税額が大きく減少したりすることになります。

1．小規模宅地の種類と減額割合

小規模宅地の種類と減額割合は、次のように設定されています。

⑴　特定居住用宅地等 …………………… 330㎡まで80%の評価減

⑵　特定事業用宅地等 …………………… 400㎡まで80%の評価減

⑶　特定同族会社事業用宅地等 ……… 400㎡まで80%の評価減

⑷　貸付事業用宅地等 …………………… 200㎡まで50%の評価減

さらに、特定事業用宅地等の特例と特定居住用宅地等の特例を併用すれば、最大730㎡まで適用できるようになりました。

特定事業用宅地等とは、事業（不動産貸付業等を除きます）の用に供されていた宅地のことで、①その宅地を取得した親族が、その宅地の上で営まれていた被相続人の事業を申告期限までに承継し、かつ、申告期限まで当該事業を営んでいること、②その宅地等をその親族が申告期限まで保有していることが適用条件になります。

特定同族会社事業用宅地等は、一定の法人の事業（不動産貸付業を除きます）の用に供されている宅地のことで、①相続開始直前において、被相続人および被相続人の親族の有する株式・出資が50%を超える法人であること、②その宅地を取得した親族が申告期限においてその法人の役員であること、③その宅地等を申告期限まで保有していること、④被相続人がその法人に対し、宅地または建物を賃貸借により貸していること、⑤その法人が申告期限において事業を引き続き行っていること、が適用要件になります。

2．小規模宅地等の特例の適用要件

被相続人の居住の用に供されていた宅地と被相続人と生計を同一にしていた親族の居住の用に供されていた宅地が対象となります。

小規模宅地等の特例は、誰が相続人となるかによって、適否が決まります。

(1)　配偶者は、無条件で小規模宅地等の特例を受けることができます。

(2)　被相続人の居住の用に供されていた建物に同居していた親族で、相続開始の直前から相続税の申告期限まで引き続き居住し、かつ、その宅地を相続税の申告期限まで所有している場合に適用されます。

(3)　被相続人と生計を一にしていた親族が居住の用に供していた宅地も、相続開始の直前から相続税の申告期限まで引き続き居住し、かつ、その宅地を相続税の申告期限まで所有している場合に適用されます。

(4)　配偶者や被相続人と同居していた親族がいない場合には、日本国内に住所を有しているか、日本国籍を有している親族で、相続開始前３年以内に本人または配偶者名義の家屋（マイホーム）に居住したことがなく、その宅地を相続税の申告期限まで所有している場合に適用されます。

子が親と同居しない場合、家屋（マイホーム）を所有せず、賃貸住宅で暮らすことも、相続税対策になるのです。

しかしながら、作為的に３年間家屋（マイホーム）を所有しないという相続税対策も行われるようになりました。そのため、平成３０年４月以後の相続から、①相続開始前３年以内に３親等内の親族又はその親族と特別な関係にある法人が所有する国内にある家屋に居住したことがある場合、②相続開始時において居住の用に供していた家屋を過去に所有していた場合、には小規模宅地等の特例の対象外となりました。

（注） 居住とは、単に住民票の有無で判断するのではなく、居住の実態で判断します。住民票はなくても居住の実態があれば、居住用に該当します。

３．小規模宅地等の特例を適用できる相続人を準備する

自宅の敷地に小規模宅地の評価減を適用できると、評価額が80％減額できます（330㎡まで）。

そのため、小規模宅地等の特例を受けることができる相続人が自宅を相続できるように準備することが重要です。

配偶者や同居の親族がいれば、これらの人が相続人になることです。

相続発生前の３年間、自分やその配偶者の所有する持家に住んだことがない相続人がいれば、その相続人が自宅を相続するのです。

この場合、所有することは必要ですが、居住する必要はありません。

４．小規模宅地等の特例と二世帯住宅

平成26年１月の相続から、小規模宅地等の特例の二世帯住宅への適用要件が緩和されました。

平成25年までの相続では、被相続人の土地に１棟の建物を建て、親と子の二世帯で居住する二世帯住宅については、建物の外側に階段があり、建物内部で行き来できない場合は、同居とみなされず、親の居住部分に対応する面積部分しか特例の対象となりませんでした。

敷地全体を特例の対象とするには、建物内部で親子の居住部分を行き来できるように建物内部に階段をつくる必要がありました。

それが今回の改正で、建物の外側に階段がある外階段タイプの二世帯住宅でも同居しているものとして取り扱われ、敷地全体が特例の対象となるようになりました。

ただし、1階が父親、2階が子というように、建物が区分所有登記されている場合には、父親が居住していた1階に対応する部分しか、小規模宅地等の特例の対象にはなりません。

敷地全体を特例の対象とするのであれば、建物を父親の単独所有とするか、父親との共有として登記する必要があります。

5．小規模宅地等の特例と老人ホーム

平成26年1月の相続から、被相続人が老人ホーム等に入所した場合の取扱いが明確になりました。

具体的には、次の2つを満たせば、以前に居住していた自宅の敷地についても、小規模宅地等の特例が適用されます。

⑴　被相続人に介護が必要になったため、入所したものであること

⑵　居住しなくなった家屋が貸付などの用途に供されていないこと

なお、適用対象となる老人ホーム等も次のように明確になりました。

①　養護老人ホーム、②特別養護老人ホーム、③経費老人ホーム、④有料老人ホーム、⑤介護老人保健施設、⑥サービス付き高齢者向け住宅、⑦障害者支援施設又は共同生活援助を行う住居。

6．相続税の申告が必要

小規模宅地等の特例を受けるためには、相続税の申告書にこの特例を受けようとする旨を記載するとともに、小規模宅地等に係る計算の明細書や遺産

分割協議書の写しなど一定の書類を添付する必要があります。

小規模宅地等の特例を適用した結果、相続税がかからなくなっても、相続税の申告書だけは申告期限内に税務署に提出しなければなりません。

コラム　相続税の調査

相続税の申告をしたすべての方に税務調査があるわけではないですが、申告件数の4分の1、25％は税務調査が行われることが過去のデータからわかっています。また、課税価格が多い相続人と少ない相続人のどちらから多く追徴税額を取られるかというと、やはり課税価格が多い相続人になることが多いので、課税価格が3億円を超える相続税の申告については高確率で税務調査があると考えて間違いはないでしょう。

そして、税務調査があった場合に申告漏れが見つかる割合は非常に高く、なんと85％を超えるようです。逆にいえば、10人に1人しか申告漏れを指摘されないという結果になります。

相続税の税務調査において申告漏れと指摘された財産の割合の上位3位は、次のようになっています。

第1位	現金・預貯金	申告漏れ相続財産の約40％の割合	
第2位	土地	〃	約20％
第3位	有価証券	〃	約15％

土地においては、相続財産として計上していないということは少ないでしょうから、評価方法の誤りによる追徴税額が発生していると考えられます。ですから、税務調査において調査官は何を中心に見てくるかというと、現金預貯金や有価証券の金融財産です。

預貯金の流れにおいて、高額の出金がある場合にその行先が明確になっていれば問題はないのですが、行先が不明である場合には現金で残っているのではないか、無記名の割引債に変わっているのではないかと調査されます。

仮装、隠ぺいによる申告除外財産が出てきた場合には、重加算税が課せられます。

第５章

相続税の税額控除

1．配偶者の税額軽減（配偶者控除）

配偶者の税額軽減は、残された配偶者が生活していく上で必要となる生活資金や、夫婦が協力して財産を築いてきたことなどを考慮して残された配偶者の税負担を軽減してくれるものです。

配偶者の税額軽減とは、被相続人の配偶者が相続した正味の遺産額が、次の⑴、⑵の金額のどちらか多い金額までは配偶者に相続税はかからないという制度です。

⑴　1億6,000万円

⑵　配偶者の法定相続分相当額

配偶者は、次のそれぞれのケースのように、法定相続分までの財産を相続しても相続税はかかりません。

・法定相続人が配偶者と子の場合　　　　　2分の1
・法定相続人が配偶者と両親の場合　　　　3分の2
・法定相続人が配偶者と兄弟姉妹の場合　　4分の3

例えば、正味の遺産額が1億円としますと、次の金額までは課税されません。

・法定相続人が配偶者と子の場合　　　　　2分の1の5,000万円
・法定相続人が配偶者と両親の場合　　　　3分の2の6,666万円
・法定相続人が配偶者と兄弟姉妹の場合　　4分の3の7,500万円

相続財産が自宅（敷地の評価額5,000万円・建物の評価額ゼロ）と金融資産5,000万円の合計1億円、相続人が（配偶者と子2人）の場合、小規模宅地等の特例を適用できれば自宅の敷地の評価額は1,000万円となり、相続税の評価額は6,000万円となります。

相続税の基礎控除額は4,200万円ですから、配偶者がすべての相続財産を相続しないと相続税がかかることになります。

2．贈与税額控除

被相続人からその生前贈与加算の対象となった相続財産があるときには、

その人の相続財産の価額に生前贈与を受けた財産の贈与時の価額を加算しますが、贈与があったときに贈与税を払っているならば、贈与税と相続税を二重に支払うことになります。

そのため、支払った贈与税の金額は相続税から差し引くことになっています。

3．相続時精算課税制度を適用した場合の税額控除

相続時精算課税制度を適用して贈与した財産があるときには、その人の相続財産の価額に相続時精算課税制度を適用して贈与を受けた財産の贈与時の価額を加算しますが、その際支払った贈与税の金額は相続税から控除することになります。

なお、相続時精算課税制度を適用した場合、被相続人から相続により財産を取得しなかった場合であっても、その被相続人から贈与により取得した相続時精算課税制度適用財産の価額を加算して相続税の計算を行う必要があります。

4．相次相続控除

相次相続控除のしくみは、次のようになっています。

⑴　相次相続控除が受けられる者

①　被相続人の相続人であること

②　その相続の開始前 10 年以内に開始した相続により被相続人が財産を取得していること

③　その相続の開始前 10 年以内に開始した相続により取得した財産について、被相続人に対し相続税が課税されたこと

⑵　相次相続控除の算式

相次相続控除は、次の式で求めます。この式で求めた相次相続控除額が相

続税から控除できます。

相次相続控除額 ＝ Ａ × Ｃ / （Ｂ－Ａ） × Ｄ / Ｃ ×（10 － Ｅ） /10
Ｃ＞Ｂ－Ａのときは　Ｃ＝Ｂ－Ａとする

Ａ＝第二次相続の被相続人が第一次相続でもらった財産にかかった相続税額

Ｂ＝第二次相続の相続人が、第一次相続でもらった財産の価額

Ｃ＝第二次相続で相続人等の全員がもらった財産の価額の合計額

Ｄ＝相次相続控除を受ける相続人が、第二次相続でもらった財産の価額

Ｅ＝第一次相続から第二次相続までの経過年数（１年未満の端数は切捨て）

この式自体は複雑ですが、大雑把な言い方をすれば、「第一次相続で支払った相続税から、第一次相続から第二次相続までの経過年数× 10％を控除した金額」となります。

5．未成年者の税額控除

相続人が未成年者のときは、相続税の額から一定の金額を差し引くことができます。

未成年者控除は、18 歳未満の法定相続人で、原則として相続で財産を取得したときに日本国内に住所がある人です。

ただし、日本国内に住所がない人でも、①日本国籍を有している人で、その人または被相続人が相続開始以前５年以内に日本国内に住所を有していたことがある、②日本国籍を有していない人で、相続で財産を取得したときに被相続人が日本国内に住所を有しているときは、控除を受けることができます。

未成年者控除の額は、その未成年者が満 18 歳になるまでの年数（１年未満は切上げ）に１年につき 10 万円で計算した額です。

また、未成年者控除額が相続税額を超える場合には、その超える金額は、その人の扶養義務者の相続税額から控除されます。

第６章

第二次相続を考慮した遺産分割

相続財産が自宅（土地の評価額5,000万円・建物の評価額ゼロ）と金融資産5,000万円の合計1億万円、相続人が配偶者と子2人の場合の相続税について、事例ごとに具体的に確認していきます。

第一次相続の相続人は、配偶者と子2人ですから、財産を相続するのは配偶者のみ、配偶者と子、子のみ、のいずれかになります。子は法定相続割合で均等に相続するものとします。

また、配偶者は固有の財産として1,000万円の金融資産を保有しているものとします。

第一次相続と第二次相続の間には10年くらいの時間差がありますが、その間に相続財産の減少はないものとしています。

第二次相続の相続人は子2人ですから、法定相続どおり2分の1ずつ相続するものとします。

小規模宅地等の特例については、①配偶者が適用を受ける、②同居の子Aが適用を受ける、③子A・Bともそれぞれ持家があり適用を受けられない、という3つのケースが考えられます。

相続税の税額控除については、配偶者の税額の軽減についてのみ適用し、第一次相続と第二次相続の間には10年くらいの時間差があるため、相次相続控除については考慮していません。

土地は、分割せず、必ず単独で相続するものとします。そのため、子が土地を相続する場合、均等に分割するため、土地を相続する子Aは子Bに対して、代償金（代償分割）を支払うことにします。

また、遺産分割に当たり土地の価値をどのように評価するかという問題がありますが、ここでは相続税評価額としています。

事例1　第一次相続の相続人は配偶者のみ、小規模宅地特例の適用あり、第二次相続の相続人は子、子Aに小規模宅地の特例適用ありの場合

このケースでは、図表19のようになります。

【図表 19　事例１の相続税納付税額】

第一次相続

	合計	配偶者	子A	子B
相続財産	10,000 万円	10,000 万円		
小規模宅地評価減	△ 4.000 万円	△ 4,000 万円		
代償分割				
正味の遺産額	6,000 万円	6,000 万円		
基礎控除額	4,800 万円			
課税対象額	1,200 万円	1,200 万円		
相続税額	120 万円	120 万円		
配偶者の税額軽減	△ 120 万円	△ 120 万円		
納付税額	－　万円	－万円		
固有の 財 産	1,000 万円	1,000 万円		
二次相続の財産計	11,000 万円	11,000 万円		

第二次相続

	合計	配偶者	子A	子B
相続財産合計	11,000 万円		5,500 万円	5,500 万円
小規模宅地評価減	△ 4,000 万円		△ 4,000 万円	
代償分割				
正味の遺産額	7,000 万円		1,500 万円	5,500 万円
基礎控除額	4,200 万円			
課税対象額	2,800 万円		600 万円	2,200 万円
相続税額	320 万円		69 万円	251 万円
納付税額	320 万円		69 万円	251 万円

この場合、第一次相続と第二次相続を合わせた相続税の納付額は 320 万円となります。

事例２　第一次相続の相続人は配偶者のみ、小規模宅地の特例適用あり、第二次相続の相続人は子、子Ａに小規模宅地の特例適用なしの場合

このケースでは、図表 20 のようになります。

【図表 20　事例２の相続税納付税額】

第一次相続

	合計	配偶者	子Ａ	子Ｂ
相続財産	10,000 万円	10,000 万円		
小規模宅地評価減	△4.000 万円	△4,000 万円		
代償分割				
正味の遺産額	6,000 万円	6,000 万円		
基礎控除額	4,800 万円			
課税対象額	1,200 万円	1,200 万円		
相続税額	120 万円	120 万円		
配偶者の税額軽減	△120 万円	△120 万円		
納付税額	－万円	－万円		
固有の財産	1,000 万円	1,000 万円		
二次相続の財産計	11,000 万円	11,000 万円		

第二次相続

	合計	配偶者	子Ａ	子Ｂ
相続財産合計	11,000 万円		5,500 万円	5,500 万円
小規模宅地評価減				
代償分割				
正味の遺産額	11,000 万円		5,500 万円	5,500 万円
基礎控除額	4,200 万円			
課税対象額	6,800 万円		3,400 万円	3,400 万円
相続税額	960 万円		480 万円	480 万円
納付税額	960 万円		480 万円	480 万円

この場合、第一次相続と第二次相続を合わせた相続税の納付額は 960 万円となります。

事例３　第一次相続の相続人は配偶者と子、配偶者に小規模宅地の特例適用あり、第二次相続の相続人は子、子Aに小規模宅地の特例適用ありの場合

このケースでは、図表21のようになります。

【図表21　事例３の相続税納付税額】

第一次相続

	合計	配偶者	子A	子B
相続財産	10,000万円	5,000万円	2,500万円	2,500万円
小規模宅地評価減	△4.000万円	△4,000万円		
代償分割				
正味の遺産額	6,000万円	1,000万円	2,500万円	2,500万円
基礎控除額	4,800万円			
課税対象額	1,200万円	200万円	500万円	500万円
相続税額	120万円	20万円	50万円	50万円
配偶者の税額軽減	△20万円	△20万円		
納付税額	100万円	－万円	50万円	50万円
固有の財産	1,000万円	1,000万円		
二次相続の財産計	6,000万円	6,000万円		

第二次相続

	合計	配偶者	子A	子B
相続財産合計	6,000万円		5,000万円	1,000万円
小規模宅地評価減	△4,000万円		△4,000万円	
代償分割			△2,000万円	2,000万円
正味の遺産額	3,000万円		－万円	3,000万円
基礎控除額	4,200万円			
課税対象額	－万円		－万円	－万円
相続税額	－万円		－万円	－万円
納付税額	－万円		－万円	－万円

この場合、第一次相続と第二次相続を合わせた相続税の納付額は100万円となります。

事例４　第一次相続の相続人は配偶者と子、配偶者に小規模宅地の特例適用あり、第二次相続の相続人は子、子Aに小規模宅地の特例適用なしの場合

このケースでは、図表22のようになります。

【図表22　事例４の相続税納付税額】

第一次相続

	合計	配偶者	子A	子B
相続財産	10,000万円	5,000万円	2,500万円	2,500万円
小規模宅地評価減	△4.000万円	△4,000万円		
代償分割				
正味の遺産額	6,000万円	1,000万円	2,500万円	2,500万円
基礎控除額	4,800万円			
課税対象額	1,200万円	200万円	500万円	500万円
相続税額	120万円	20万円	50万円	50万円
配偶者の税額軽減	△20万円	△20万円		
納付税額	100万円	ー万円	50万円	50万円
固有の財産	1,000万円	1,000万円		
二次相続の財産計	6,000万円	6,000万円		

第二次相続

	合計	配偶者	子A	子B
相続財産合計	6,000万円		5,000万円	1,000万円
小規模宅地評価減				
代償分割			△2,000万円	2,000万円
正味の遺産額	6,000万円		3,000万円	3,000万円
基礎控除額	4,200万円			
課税対象額	1,800万円		900万円	900万円
相続税額	180万円		90万円	90万円
納付税額	180万円		90万円	90万円

この場合、第一次相続と第二次相続を合わせた相続税の納付額は280万円となります。

事例５　第一次相続の相続人は配偶者と子、子Ａに小規模宅地の特例適用あり、第二次相続の相続人は子、子Ａに小規模宅地の特例適用なしの場合

このケースでは、図表 23 のようになります。

【図表 23　事例５の相続税納付税額】

第一次相続

	合計	配偶者	子Ａ	子Ｂ
相続財産	10,000 万円	5,000 万円	5,000 万円	－万円
小規模宅地評価減	△4.000 万円		△4,000 万円	
代償分割			△2,500 万円	2,500 万円
正味の遺産額	7,500 万円	5,000 万円	－万円	2,500 万円
基礎控除額	4,800 万円			
課税対象額	2,700 万円	1,800 万円		900 万円
相続税額	287 万円	191 万円		96 万円
配偶者の税額軽減	△287 万円	△191 万円		
納付税額	96 万円	－万円		96 万円
固有の財産	1,000 万円	1,000 万円		
二次相続の財産計	6,000 万円	6,000 万円		

第二次相続

	合計	配偶者	子Ａ	子Ｂ
相続財産合計	6,000 万円		3,000 万円	3,000 万円
小規模宅地評価減				
代償分割				
正味の遺産額	6,000 万円		3,000 万円	3,000 万円
基礎控除額	4,200 万円			
課税対象額	1,800 万円		900 万円	900 万円
相続税額	180 万円		90 万円	90 万円
納付税額	180 万円		90 万円	90 万円

この場合、第一次相続と第二次相続を合わせた相続税の納付額は 276 万円となります。

事例６　第一次相続の相続人は配偶者と子、子Ａに小規模宅地の特例適用なし、第二次相続の相続人は子、子Ａに小規模宅地の特例適用なしの場合

このケースでは、図表 24 のようになります。

【図表 24　事例６の相続税納付税額】

第一次相続

	合計	配偶者	子Ａ	子Ｂ
相　続　財　産	10,000 万円	5,000 万円	5,000 万円	－万円
小規模宅地評価減				
代襲相続			△2,500 万円	2,500 万円
正味の遺産額	10,000 万円	5,000 万円	2,500 万円	2,500 万円
基礎控除額	4,800 万円			
課税対象額	5,200 万円	2,600 万円	1,300 万円	1,300 万円
相続税額	630 万円	315万円	157.5 万円	157.5 万円
配偶者の税額軽減	△315万円	△315万円		
納付税額	315万円	－万円	157.5万円	157.5万円
固　有　の　財　産	1,000 万円	1,000 万円		
二次相続の財産計	6,000 万円	6,000 万円		

第二次相続

	合計	配偶者	子Ａ	子Ｂ
相続財産合計	6,000 万円		5,000 万円	1,000 万円
小規模宅地評価減				
代償分割			△2,000 万円	2,000 万円
正味の遺産額	6,000 万円		3,000 万円	3,000 万円
基礎控除額	4,200 万円			
課税対象額	1,800 万円		900 万円	900 万円
相続税額	180 万円		90 万円	90 万円
納付税額	180 万円		90 万円	90 万円

この場合、第一次相続と第二次相続を合わせた相続税の納付額は 495 万円となります。

事例7　第一次相続の相続人は子のみ、子Aに小規模宅地の特例適用あり、第二次相続は子、配偶者の固有の財産のみの場合

このケースでは、図表25のようになります。

【図表25　事例7の相続税納付税額】

第一次相続

	合計	配偶者	子A	子B
相　続　財　産	10,000万円		5,000万円	5,000万円
小規模宅地評価減	△4.000万円		△4,000万円	
代償分割				
正味の遺産額	6,000万円		1,000万円	5,000万円
基礎控除額	4,800万円			
課税対象額	1,200万円		200万円	1,000万円
相続税額	120万円		20万円	100万円
配偶者の税額軽減				
納付税額	120万円		20万円	100万円
固　有　の　財　産	1,000万円	1,000万円		
二次相続の財産計	1,000万円	1,000万円		

第二次相続

	合計	配偶者	子A	子B
相続財産合計	1,000万円		500万円	500万円
小規模宅地評価減				
代償分割				
正味の遺産額	1,000万円		500万円	500万円
基礎控除額	4,200万円			
課税対象額	一万円		一万円	一万円
相続税額	一万円		一万円	一万円
納付税額	一万円		一万円	一万円

この場合、第一次相続と第二次相続を合わせた相続税の納付額は120万円となります。

事例８　第一次相続の相続人は子のみ、子Ａに小規模宅地の特例適用なし、第二次相続は配偶者の固有の財産のみの場合

このケースでは、図表 26 のようになります。

【図表 26　事例８の相続税納付税額】

第一次相続

	合計	配偶者	子Ａ	子Ｂ
相　続　財　産	10,000 万円		5,000 万円	5,000 万円
小規模宅地評価減				
代償分割				
正味の遺産額	10,000 万円		5,000 万円	5,000 万円
基礎控除額	4,800 万円			
課税対象額	5,200 万円		2,600 万円	2,600 万円
相続税額	630 万円		315 万円	315 万円
配偶者の税額軽減				
納付税額	630 万円		315 万円	315 万円
固　有　の　財　産	1,000 万円	1,000 万円		
二次相続の財産計	6,000 万円	1,000 万円		

第二次相続

	合計	配偶者	子Ａ	子Ｂ
相続財産合計	1,000 万円		500 万円	500 万円
小規模宅地評価減				
代償分割				
正味の遺産額	1,000 万円		500 万円	500 万円
基礎控除額	4,200 万円			
課税対象額	－万円		－万円	－万円
相続税額	－万円		－万円	－万円
納付税額	－万円		－万円	－万円

この場合、第一次相続と第二次相続を合わせた相続税の納付額は 630 万円となります。

これらの結果を一覧表にまとめたのが図表27です。

【図表27　各事例の相続人と小規模宅地の特例の適用状況】

	第一次相続		第二次相続	
	相続人	小規模宅地の特例	相続人	小規模宅地の特例
事例1	配偶者のみ	適用あり	子	子Aに適用あり
事例2	配偶者のみ	適用あり	子	子Aに適用なし
事例3	配偶者と子	配偶者に適用あり	子	子Aに適用あり
事例4	配偶者と子	配偶者に適用あり	子	子Aに適用なし
事例5	配合者と子	子Aに適用あり	子	子Aに適用なし
事例6	配偶者と子	子Aに適用なし	子	子Aに適用なし
事例7	子のみ	子Aに適用あり		
事例8	子のみ	子Aに適用なし		

さらに、これらの各事例における相続税の納付額を一覧にしたのが図表28となります。

【図表28　相続税納税額一覧】

	第一次相続	第二次相続	合　計	小規模宅地の特例
事例1	一万円	320 万円	320 万円	子Aが特例を利用
事例2	一万円	960 万円	960 万円	
事例3	100 万円	一万円	100 万円	子Aが特例を利用
事例4	100 万円	180 万円	280 万円	
事例5	96 万円	180 万円	276 万円	子Aが特例を利用
事例6	315 万円	180 万円	495 万円	
事例7	120 万円	一万円	120 万円	子Aが特例を利用
事例8	630 万円	一万円	630 万円	

図表28の相続税のシミュレーション結果をみると、子Aが小規模宅地等の特例を利用することによって、明らかに相続税の納付額が著しく減少することが理解できます。

子Aが小規模宅地等の評価減の適用を受けることができるかどうかが、相続税対策のキーポイントといえるでしょう。子が独立し両親と別居している世帯も多いです。

このような世帯では、少なくとも両親の一方が亡くなり（通常は父親のほうが先になくなるケースが多いでしょう）、片親だけとなったとき、親と同居することは、親の孤独死防止にもなり、相続税対策にもなるのです。

前述の事例4では、子Aが親の自宅を相続するときに、小規模宅地等の特例を利用していませんが、相続税の納付額はかなり低くなっています。

これは、第一次相続・第二次相続ともに相続税の基礎控除額を有効に活用できているからです。

ただし、この場合配偶者は自宅しか相続していませんので、配偶者の老後資金が不安です。配偶者の老後の生活は、子供が相続した金融資産で、やりくりするということになります。

子Aが小規模宅地の特例を適用できる場合は、相続税の負担が大きく減少することは図表28のとおりです。

事例3では、事例4と同様に相続税の負担が僅かになっていますが、この場合も配偶者は、自宅しか相続していませんから、配偶者の老後の生活資金が不安です。

配偶者に老後の生活資金を残し、老後の生活資金の不安を解消するには、配偶者が金融財産をすべて相続し、第二次相続までに生前贈与などの対策を行うことを心掛けるべきでしょう。

相続税の負担があまりなく、配偶者が金融資産を多く相続し、老後の生活に困らないのは、事例1と事例5ですが、事例1では2,800万円、事例5では1,800万円の生前贈与を行えば、第二次相続で相続税はかかりません。

第一次相続では、残された配偶者に必要な老後の生活資金を確保できるように配慮することが最も重要なポイントになります。

第二次相続では、小規模宅地の特例を適用できるかどうかが相続税を軽減できるかどうかの大きなポイントです。

これからは、相続税の課否が遺産分割協議に影響してくることになります。したがって、相続税がかからない遺産分割協議を心がけるようにしなければなりません。

事例９　事例１で2,800万円の生前贈与を行った場合

このケースでは、図表29のようになります。

【図表29　事例１で2,800万円の生前贈与を行った場合の相続税納付額】

第一次相続

	合計	配偶者	子A	子B
相　続　財　産	10,000万円	10,000万円		
小規模宅地評価減	△4.000万円	△4,000万円		
代償分割				
正味の遺産額	6,000万円	6,000万円		
基礎控除額	4,800万円			
課税対象額	1,200万円	1,200万円		
相続税額	120万円	120万円		
配偶者の税額軽減	△120万円	△120万円		
納付税額	ー万円	ー万円		
固　有　の　財　産	1,000万円	1,000万円		
二次相続の財産計	11,000万円	11,000万円		

第二次相続

	合計	配偶者	子A	子B
生前贈与	△2,800万円			
相続財産合計	8,200万円		4,100万円	4,100万円
小規模宅地評価減	△4,000万円		△4,000万円	
代償分割				
生前贈与				
正味の遺産額	4,200万円		100万円	4,100万円
基礎控除額	4,200万円			
課税対象額	ー万円		ー万円	ー万円
相続税額	ー万円		ー万円	ー万円
納付税額	ー万円		ー万円	ー万円

事例10　事例5で1,800万円の生前贈与を行った場合

このケースでは、図表30のようになります。

【図表30　事例5で1,800万円の生前贈与を行った場合の相続税納付額】

第一次相続

	合計	配偶者	子A	子B
相続財産	10,000万円	5,000万円	5,000万円	－万円
小規模宅地評価減	△4.000万円		△4,000万円	
代償分割			△2,500万円	2,500万円
正味の遺産額	7,500万円	5,000万円	－万円	2,500万円
基礎控除額	4,800万円			
課税対象額	2,700万円	1,800万円		900万円
相続税額	287万円	191万円		96万円
配偶者の税額軽減	△191万円	△191万円		
納付税額	96万円	－万円		96万円
固有の財産	1,000万円	1,000万円		
二次相続の財産計	6,000万円	6,000万円		

第二次相続

	合計	配偶者	子A	子B
生前贈与	△1,800万円			
相続財産合計	4,200万円		2,100万円	2,100万円
小規模宅地評価減				
代償分割				
正味の遺産額	4,200万円		2,100万円	2,100万円
基礎控除額	4,200万円			
課税対象額	－万円		－万円	－万円
相続税額	－万円		＝万円	－万円
納付税額	－万円		＝万円	－万円

図表29のとおり、事例1（第一次相続ではすべて配偶者が相続し、第二次相続で、子Aが小規模宅地等の特例を使う）の場合、2,800万円を生前贈与すれば、相続税はかかりません。

また、図表30のとおり、事例5（第一次相続では配偶者と子が相続し、子が自宅を相続し小規模宅地の特例を使う）の場合、1,800万円を生前贈与すれば、相続税はかかりません。

特に、事例1の場合、第二次相続までに生前贈与2,800万円が実行できれば、第一次相続・第二次相続とも相続税はまったくかかりません。

夫が亡くなってから妻が亡くなるまで、平均10年の期間があります。その間に、暦年贈与や教育資金の一括贈与などの優遇制度を活用して生前贈与を進めていくことになります。

第二次相続での相続税をゼロとするためには、第二次相続の課税対象額を基礎控除額以下とすればいいのです。事例ごとに、生前贈与などの対策が必要な金額は次のとおりです。

【図表31　生前贈与すべき金額】

事例1	2,800万円	
事例2	6,800万円	
事例3	−万円	第一次相続で納税額100万円
事例4	1,800万円	第一次相続で納税額100万円
事例5	1,800万円	第一次相続で納税額　96万円
事例6	1,800万円	第一次相続で納税額315万円
事例7	−万円	第一次相続で納税額120万円
事例8	−万円	第一次相続で納税額630万円

まったく相続税がかからないのは、事例1だけです。

ただし、この場合は、第二次相続までに2,800万円の金融資産を生前贈与などで相続財産から除外することが必要になります。

老後の生活資金を確保しつつ、年間110万円の暦年贈与や教育資金の一括贈与など、次章で述べる生前贈与をうまく活用することが重要になってきます。

コラム　相続税の歴史

現在の相続税の課税方式になるまでには、紆余曲折を経ています。時を遡って江戸時代には、今の相続税、贈与税、所得税に該当する税金はなく、農民を除けば現代に比べてはるかに税負担は軽かったようです。代わりに、国民の大多数の農民は、約30%の年貢を納めていたようです。

明治政府は、税金の中心を年貢から地租に変えました。安定した財源を確保し、富国強兵のために租税制度の改革をする必要が出てきました。広く一般に税負担を求め、公平統一化ができる財源として土地ごとに地券を発行し、受領者の土地の所有権を認めるとともに、地券に記載された地価に応じて地租を課すことになりました。

地租改正においては、土地の収益を基本として定めた地価に対し一定の税率の地租を課税し納税するように改められました。これにより、米の現物を納付していた頃にかかっていた徴収経費が大幅に削減され、毎年一定額の地租の収入が見込めるようになり、財政が安定しました。

その後、明治38年に日露戦争の戦費を調達するために相続税制度が創設されました。当時、土地の評価額を賃貸価格の20倍とする案が出されましたが、高過ぎるために時価で評価するようになりました。

大正15年の改正では、地価については土地の賃貸が比較的多く行われており調査が容易であるなどの理由から、地租の課税価格をすべて賃貸価格に基づいて算定するようになりました。

昭和25年には、遺産課税方式から遺産取得課税方式に改められました。遺産課税方式とは、被相続人の遺産の総額に応じて課税する方式で現在アメリカはこの方式をとっています。

遺産取得課税方式とは、それぞれの相続人が相続した遺産額に応じて課税する方式で、現在まで続いています。また、この時の改正から路線価方式が採用されました。

相続税の大きな改正などは以上のとおりですが、ご承知のように基礎控除の上げ下げ等については頻繁に改正が入っています。

第７章

生前贈与

第一次相続から第二次相続まで、贈与をして相続税の負担を減らす工夫や努力は欠かせません。

110 万円の基礎控除を利用した暦年贈与が基本となりますが、高齢者層に預金が偏在していることもあり、最近は高齢者層から若年層へのお金の移転を促進する様々な税制上の優遇措置が打ち出されています。

1．暦年贈与

⑴ 贈与税の基礎控除 110 万円を利用する

暦年贈与（1月から 12 月）には、1年間に 110 万円の基礎控除があります。したがって、年間 110 万円までの贈与であれば、贈与税はかかりません。

暦年で 110 万円の範囲で、毎年コツコツ贈与を続けていけば、それだけ相続財産が減っていきますから、その分だけ相続財産が減り、相続税負担が抑えられるのです。

⑵ 贈与は誰に対しても可能

贈与は、誰に対してもできますので、子だけでなく、子の配偶者・孫にも贈与することもできます。例えば、子とその配偶者と孫２人となれば、５年間で、440 万円×５年＝ 2,640 万円の相続財産を非課税で次の世代へ移せるのです。

ただし、相続人への贈与については、注意するべきことがあります。被相続人から相続によって財産を取得した者が、その被相続人が死亡した日前３年以内（令和６年１月１日からは、段階的に７年に期間が延長されます）に財産の贈与を受けていた場合は、その財産を贈与されたときの相続財産の価額に加算することになっています。

つまり、死亡した日前３年以内の贈与はなかったことになってしまうからです。

したがって、できれば子の配偶者や孫に贈与したほうがよいかもしれません。

⑶ 暦年贈与の留意点

暦年贈与を行うときの注意点は、図表32のとおりです。

【図表32　暦年贈与を行うときの留意点】

①　贈与の事実を残すこと	・現金で贈与をしないで振込にすることで、客観的な記録を残すこと ・贈与契約書を作成すること ・贈与税の申告をすること
②　贈与を受けた人が財産を管理すること	・贈与した人が通帳や印鑑などを保管しないこと ・贈与を受けた人が贈与された財産を自由に使っていること
③　毎年同じ金額などにしないこと	・毎年、贈与する金額を変えること ・毎年、贈与する日を変えること

⑷ 贈与税の申告

年間110万円までの贈与は、非課税です。贈与税の基礎控除額（110万円）を超える贈与をあえてして、贈与税の申告をすることも有効です。110万円と1万円だけオーバーした111万円の贈与をして贈与税の申告をし、1万円に対する贈与税1,000円を納税するのです。

ただし、贈与税の申告をしたということだけでは、絶対的な贈与の証明にはなりません。贈与税の申告は、あくまでも1つの判断材料でしかありません。

贈与があったことを証明するには、贈与を受けた人がその財産の管理をしていることが重要なのです。

⑸ 相続時精算課税制度と暦年贈与

令和6年1月1日から、相続時精算課税制度にも110万円の基礎控除が認められるようになると、暦年贈与と相続時精算課税のどちらが有利かは、一概には言えなくなってきました。今回の改正により、相続税・贈与税を通じた暦年課税の税負担が増加する一方、相続時精算課税の税負担が減少することになるからです。毎年110万円を10年間贈与するケースで考えてみます。贈与財産総額は1100万円ですが、暦年課税では、改正前は相続財産への加算額は330万円であったものが、改正後は670万円（110万円×7年－100万円）となります。相続時精算課税では、改正前は相続財産への加算が1100万円であったものが、改正後はゼロになります。明らかに相続時精算課税の方が有利です。

ただし、令和6年1月1日より前に相続時精算課税制度を適用した財産贈与は少額であっても全額相続財産に加算することになるので、注意が必要です。

2．祖父母から孫へ生活費や教育費を贈与する

国税庁は、平成25年12月に、「扶養義務者（父母や祖父母）から「生活費」または「教育費」の贈与を受けた場合の贈与税に関するＱ＆Ａ」を公表しました。

これにより、従来今ひとつ明確でなかった扶養義務者間での生活費や教育費の贈与の取扱いが明確になりました。

⑴　扶養義務者

民法は、扶養義務者相互間ではお互いに扶養する義務があると規定しています。扶養義務者相互間ですから、親が子や孫の面倒をみる場合と逆に子が親の面倒をみる場合があります。そのどちらの場合でも贈与税はかからないのです。

扶養義務者とは、次の者をいいます。

①　配偶者

②　直系血族

③　兄弟姉妹

相続税法では、扶養義務者間において生活費または教育費に充てるために贈与を受けた財産のうち「通常必要と認められるもの」については、贈与税の課税対象としません。

⑵ 結婚費用

婚姻に当たって、子が親から婚姻後の生活を営むために、家具、寝具、家電製品等の通常の生活を営むのに必要な家具什器等の贈与を受けた場合、またはそれらの購入費用に充てるために金銭の贈与を受け、その金額を家具什器等の購入費用に充てた場合等には、贈与税の課税対象となりません。

結婚式・披露宴の費用を誰が負担するかは、その結婚式・披露宴の内容、招待客との関係・人数や地域の慣習などによって様々であると考えられますが、それらの事情に応じて、本来費用を負担すべき者それぞれが、その費用を分担している場合には、そもそも贈与に当たらないことから、贈与税の課税対象となりません。

⑶ 出産費用

扶養義務者相互間において生活費に充てるために贈与を受けた場合に、贈与税の課税対象とならない「生活費」とは、その者の通常の日常生活を営むのに必要な費用をいい、治療費、養育費その他これらに準ずるものも含まれます。

したがって、出産に要する費用で、検査・検診代、分娩・入院費に充てるために贈与を受けた場合には、これらについては治療費に準ずるものであることから、贈与税の課税対象となりません。

⑷ 教育費

贈与税の課税対象とならない「教育費」とは、子や孫の教育上通常必要と認められる学資、教材費、文具費、通学のための交通費、学級費、修学旅行参加費等をいい、義務教育に係る費用に限りません。

⑸ 賃貸住宅の家賃負担

扶養義務者相互間において生活費に充てるために贈与を受けた場合に、贈与税の対象とならない「生活費」とは、その者の通常の日常生活を営むのに必要な費用をいい、通常の日常生活を営むのに必要な費用に該当するかどうかは、贈与を受けた者の需要と贈与をした者の資力その他一切の事情を勘案して社会通念上適当と認められる範囲かどうかで判断することになります。

したがって、子が自らの資力によって居住する賃貸住宅の家賃等を負担し得ないなどの事情を勘案し、社会通念上適当と認められる範囲の家賃等を親が負担している場合には、贈与税の課税対象となりません。

3．教育資金の一括贈与

⑴ 制度の概要

教育資金の一括贈与とは、令和8年3月31日までの間に、30歳未満の者で、前年の合計所得金額が1000万円以下の受遺者の教育資金に充てるため、金融機関等との一定の契約に基づき、祖父母などの直系尊属から、書面による贈与により取得した金銭を銀行等に預入れした場合には、1,500万円までの金額については、金融機関等の営業所等を経由して「教育資金非課税申告書」を提出することにより、贈与税が非課税となるというものです。

⑵ 教育資金とは

教育資金とは、次のものをいいます。

① 学校に対して支払われるもの（1,500万円が限度）

入学金、授業料、入園料、保育料、施設準備金、入学（園）試験の検定料、学用品の購入費、修学旅行費、学校給食費

② 学校以外に支払われるもの（1,500万円の内500万円が限度）

学習塾、そろばん教室、ピアノ教室、絵画教室など。

物品販売店に支払われるもので学校が認めたもの。

⑶ 教育資金口座

教育資金口座を開設できる金融機関は、次の３つです。

① 銀行、ゆうちょ銀行に預貯金する

② 信託銀行で信託受益権を付与する

③ 証券会社で有価証券を購入する

⑷　教育資金口座からの払出し

教育資金の支払いに充てた領収書などを、金融機関の窓口に提出して教育資金口座から払い出します。

贈与を受ける者が 30 歳に達しても使われずに残った金銭には贈与税が課税されます。

教育資金の一括非課税制度の限度額は、贈与を受ける者ごとに 1,500 万円です。したがって、祖父から 1,000 万円の贈与を受けると、祖母からは 500 万円の贈与しか受けられません。

また、教育資金の一括贈与というと、祖父母から孫への贈与を考えますが、直系尊属ですから父母から子への贈与にも適用されます。

贈与者が死亡した場合、教育資金の残額は、贈与を受ける者が２３歳未満又は学校に在学中の場合を除き相続財産となります。

⑸　教育資金口座の終了

次の場合に教育資金口座は終了します。

①　贈与を受ける者が 30 歳に達したとき（学生であれば延長可能）

②　贈与を受ける者が死亡したとき

③　口座の残高がゼロになり、その口座を終了させる合意があったとき

4．結婚・子育て資金の一括贈与

⑴　制度の概要

結婚・子育て資金の一括贈与とは、令和７年３月 31 日までの間に、18 歳以上 50 歳未満の者で、前年の合計所得金額が 1000 万円以下の受遺者の結婚・子育て資金に充てるため、金融機関等との一定の契約に基づき、祖父母などの直系尊属から、書面による贈与により取得した金銭を銀行等に預入れした場合には、1,000 万円までの金額については、金融機関等の営業所等を経由して「結婚・子育て資金非課税申告書」を提出することにより、贈

与税が非課税となるというものです。

⑵ 結婚・子育て資金とは

結婚・子育て資金とは次のものをいいます。

① 結婚関係（300万円が限度）……挙式費用、新居の費用、引越費用

② 妊娠・出産・育児関係（1,000万円が限度）……不妊治療費用、妊婦健診費用、出産費用、産後ケア費用、子の医療費、子の保育費（ベビーシッター費用を含む）

⑶ 結婚・子育て資金口座

結婚･子育て資金口座を開設できる金融機関は、教育資金口座と同じです。

⑷ 資金口座からの払出し

挙式費用などの支払いに充てた領収書などを、金融機関の窓口に提出して結婚・子育て教育資金口座から払い出しますが、これには二つの方法が選択できます。

⑸ 残高の課税

① 期間中に贈与者が死亡した場合は、残高を相続財産に加算

② 贈与を受ける者が50歳到達時に終了し、残高は贈与税課税

⑹ 相続対策としての利用

教育資金の一括贈与は教育費として支出された金額が非課税になるのではなく、教育費として将来支出が予定されている贈与が非課税になります。しかし、贈与者が死亡しても受遺者が23歳未満または在学中の場合には、相続財産に加算されることはありません。

しかしながら、結婚・子育て資金の一括贈与では、贈与者が死亡した場合には相続財産に加算されることになっています。

第８章

配偶者居住権

（1）配偶者居住権とは

配偶者居住権とは，夫婦の一方が亡くなった場合に、残された配偶者が、亡くなった人が所有していた建物に、亡くなるまで又は一定の期間、無償で居住することができる権利です。

（2）配偶者居住権の日付・設定

配偶者居住権は、夫婦の一方が亡くなった場合に、残された配偶者の居住権を保護するため、民法改正により令和２年４月１日以降に発生した相続から新たに認められた権利です。

したがって、令和２年４月１日以降に亡くなられた方の相続から配偶者居住権が設定できます。亡くなった日が令和２年３月以前の場合、遺産分割協議が令和２年４月１日以降であっても、配偶者 居住権は設定できません。

（3）事例で見る配偶者居住権の設定のメリット

建物の価値を「所有権」と「居住権」に分けて考え、残された配偶者は建物の所有権を持っていなくても、一定の要件のもとで居住権を取得することで、亡くなった人が所有していた建物に引き続き住み続けられるようにするものです。

夫の相続財産が住居 2,000 万円と銀行預金 3,000 万円、相続人は妻と子１人の場合で、配偶者居住権の概要を説明していくことにします。この場合、妻と子の法定相続割合は、妻１/ ２、子１/ ２となります。

①従来どおりの相続の場合

妻が住居の所有権 2,000 万円を相続すると、妻は 500 万円の銀行預金を相続するだけで、子が 2,500 万円の銀行預金を相続することになります。これでは、妻は住む場所はあるが、生活資金が足りないということになりかねません。

②配偶者居住権を設定した場合

妻が住居に 1,000 万円の配偶者居住権を相続すると、妻は 1,500 万円の銀行預金を相続します。子は住居の所有権 1,000 万円と 1,500 万円の銀行預金を相続することになります。妻は今の家に住みながらより多くの生活資金を得られることになります。

1．配偶者居住権の成立要件

配偶者居住権が成立するためには、次の３つの要件すべて満たす必要があります。

① 残された配偶者が、亡くなった人の法律上の配偶者であること

② 配偶者が、亡くなった人が所有していた建物に、亡くなったときに居住していたこと

③ 遺産分割協議、配偶者居住権に関する遺言又は死因贈与契約書、家庭裁判所の審判のいずれかにより配偶者居住権を取得したこと

2．配偶者居住権の存続期間

配偶者居住権の存続期間は、原則として配偶者の終身の間ですが、遺産の分割の協議若しくは遺言に別段の定めがあるとき、又は家庭裁判所が遺産分割の審判において別段の定めをしたときは、その定めるところによります。

3．配偶者居住権は登記が必要

配偶者居住権は、その成立要件を満たしていれば、権利としては発生しますが、配偶者居住権を第三者に対抗するためには登記が必要であり、居住建物の所有者は配偶者に対して配偶者居住権の登記をさせる義務を負っています。

配偶者居住権の設定登記は配偶者（権利者）と居住建物の所有者（義務者）との共同申請となります。

配偶者居住権の設定登記ができるのは建物のみで、その敷地である土地には登記できません。また、非相続人が建物を配偶者以外と共有していた場合は，配偶者居住権の対象とはなりません。

4．配偶者居住権の評価方法

配偶者居住権が設定されると、建物の相続税評価額は、配偶者居住権と残りの建物所有権に分割されることになります。

設例

配偶者居住権の評価方法について、事例に基づき確認していきます。

【図表 33　事例：配偶者居住権の評価方法】

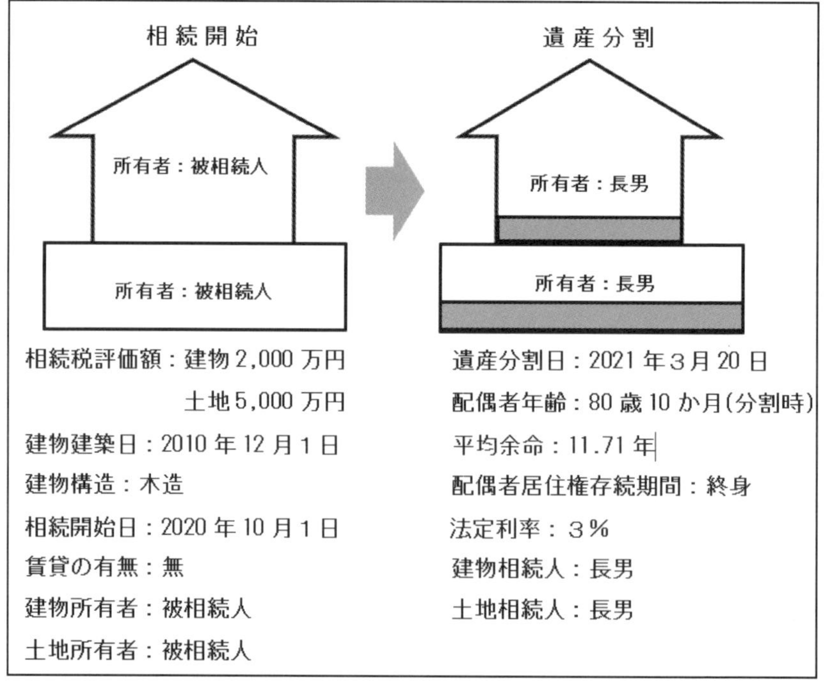

（1）配偶者居住権の価額

配偶者居住権の評価の基礎となる金額は、建物相続税評価額です。この事例では、【配偶者居住権】の価額は次のとおりとなります。

（建物の相続税評価額）　（建物の相続税評価額）　（耐用年数）（経過年数）（存続年数）（複利現価率）

$$2{,}000\text{万円} - 2{,}000\text{万円} \times \frac{33\text{年}-10\text{年}-12\text{年}}{33\text{年}-10\text{年}} \times 0.701$$

（耐用年数）（経過年数）

$$= 13{,}294{,}783\text{円}$$

(注) 1．耐用年数：建物の構造に応じた法定耐用年数 22 年を 1.5 倍する

2．経過年数：建物建築日から遺産分割日までの年数 10 年３ヶ月

3．存続年数：第２２回生命表に基づく平均余命 11.71 年

存続年数は、配偶者居住権の存在する年数。終身とした場合、平均余命から算出します。遺産分割協議書で 10 年と定めたならその年数となります。

（2）配偶者居住権の消滅

配偶者居住権が消滅するのは配偶者居住権設定時では将来のことなので、配偶者居住権消滅時点の建物の評価額に複利現価率をかけて配偶者居住権消滅時の建物評価額の現在価値を算出します。

（3）残りの建物所有権の価額

【残りの建物所有権の価額】は、次のとおりとなります。

（居住建物の時価）　（配偶者居住権の価額）

$$2{,}000\text{万円} - 13{,}294{,}783\text{円} = 6{,}705{,}217\text{円}$$

5.配偶者居住権は建物と敷地の両方

（1）配偶者居住権を取得するとは

配偶者居住権というと、配偶者が自宅を使用する権利であるため建物に対

しての権利と思われるかもしれませんが、建物を使用するということは当然その敷地も利用することになるので、配偶者居住権を取得するということは、配偶者居住権に基づく居住家屋の敷地使用権も一緒に取得することになります。

（2）敷地利用権の価額

この事例では、【敷地利用権の価額】は次のとおりとなります。

（土地の相続税評価額）　（土地の相続税評価額）　（複利現価率）

5,000 万円　－　5,000 万円　×　0.701　＝　14,950,000 円

敷地利用権の評価額は、土地の相続税評価額から土地の相続税評価額に存続年数に応じた複利現価率をかけた額を差し引いた額となります。

配偶者居住権が消滅するときの土地の価値は土地の相続税評価額そのものとなるため、この価額を現在価値に割り戻すことで相続開始時点における配偶者居住権（敷地利用権部分）を除いた土地の価額、つまり残りの土地の所有権部分を算出し、これを土地の相続税評価額から差し引くことによって配偶者居住権（敷地利用権部分）の額を算出します。

【残りの土地所有権の価額】は、次のようになります。

（土地の相続税評価額）　（敷地利用権の価額）

5,000 万円　－　14,950,000 万円　＝　35,050,000 円

6．配偶者居住権のデメリット

（1）配偶者居住権は第三者に譲渡できない

配偶者居住権には財産的な価値がありますが、民法上、配偶者居住権は第三者に譲渡できないものとされています（民法 1032 条２項）。

配偶者居住権が設定されている居住建物の所有権はあくまでも所有者にあるため、配偶者が勝手に無関係の第三者に居住建物を使用・収益させること

もできません（民法 1032 条 3 項）。

（2）設定建物の価値は下落

そのため、配偶者居住権が設定されている建物の価値は大きく下落するほか、収益物件としても利用できないため、所有者から見れば建物の売却が難しいというデメリットがあります。

（3）消滅に伴う課税関係

もちろん、所有者が配偶者居住権を対価を支払って消滅させることもできますが、配偶者に対し譲渡所得税が課税されます。所有者が配偶者居住権を無償で消滅させることもできますが、所有者に贈与税が課税されます。

7．配偶者の死亡

将来、配偶者である妻が亡くなると配偶者居住権は、法律上消滅します。そのため、配偶者居住権は第二次相続においては相続税の課税対象とならないのです。

この点が相続税に大きく影響します。つまり、配偶者居住権を持った妻が亡くなると、所有権を持っている子どもは相続税を負担することなく、自宅を自由に利用できるようになる訳です。

同様に、配偶者居住権が 10 年などの有期で設定された場合で、その存続期間が満了したときも贈与税は課税されません。

コラム　国外の財産や相続人が絡むとややこしい？

被相続人が日本の居住者で、財産が海外にある場合でも、日本人が相続すれば相続税がかかります。相続税がかからないのは、被相続人と相続人の双方が海外へ５年を超える長期滞在している場合で、日本に住所も財産もない場合のみになります。

海外にある財産が不動産の場合は、日本の土地であれば時価より20％ほど安い路線価で評価することができますが、海外の土地には路線価がないために時価で評価するほかなく、また、建物についても日本のように固定資産税評価額で評価するということができず、現地の不動産鑑定士や不動産会社に依頼しなければならないので、手間とコストがかかります。

また、相続人の中に海外居住者がいる場合には、海外に住んでいても法定相続人であれば、相続を受ける権利があり、納税義務が生じます。このような場合の遺産分割協議書の署名押印はどうなるのでしょうか。

海外在住の場合は、台湾および韓国以外には印鑑証明書および住民票の制度が存在せず、印鑑証明書が発行されないので、その国の日本領事館においてサイン証明書を取得する必要があります。さらに、日本の住民税に当たる在留証明書の発行も必要となり、これも現地の領事館で発行してもらうことになります。これらを用意し、郵送等でやりとりしなければなりません。

このように財産や相続人が海外にある場合には、日本国内のみの場合に比べ、手間と時間とコストが掛かることになります。

第９章

遺産分割協議書の作成

1．遺産分割協議書とは

被相続人が死亡したとき、遺言書がない場合は法定相続人が相続しますが、相続人が２人以上いるときは、誰がどの財産をいくら相続するかを決めなければなりません。

このように、財産や債務の引き継ぎ方を具体的に決めることを遺産分割といい、この決めた結果を書面にしたものを「遺産分割協議書」といいます。

遺産分割協議書の内容は、遺産分割協議が行われ、その協議した結果が誰にでもわかるように明瞭なものでなければなりません。

遺産分割協議書は、相続人全員が同意して作成したものでなければなりません。したがって、一部の相続人を排除したり、全員が参加しないまま作成することはできません。

相続人の中に未成年者がいる場合には、家庭裁判所で特別代理人を選任してもらい、その特別代理人の代理権によって分割協議が行われたものでなければなりません。

なお、被相続者の配偶者は、未成年者である子の特別代理人になることはできません。

分割協議は、いつまでにしなければならないというような規定はありませんから、いつ分割協議を行ってもかまいません。

分割協議の結果は、必ず書面にしなければならないという規定はありません。しかし、不動産の相続登記や相続税の申告をする場合には、遺産分割協議書を提出しなければなりません。

また、後日相続人間で争いとならないためにも、やはり遺産分割協議書を作成しなければなりません。

分割協議の結果、財産や債務をまったく相続しない相続人がいても構いません。

被相続人が死亡したため、受け取った生命保険金などは分割協議の対象になりません。何故ならば、生命保険金などは被相続人の相続財産ではなく、生命保険金受取人の固有の財産だからです。

2．作成のしかたは

遺産分割協議書は、相続人全員が所持できるように、最低でも相続人の数だけ、通常は、不動産登記する際や相続税の申告をする場合に必要となりますので、2～3部は多くつくることになります。

遺産分割協議書の様式は、特に法令などで定めたものがありませんので、自由な様式で作成することができます。もちろん、縦書きでも横書きでも構いません。用いる紙の大きさもまったく自由です。

遺産分割協議書の氏名の後に押印する印鑑は、実印を使用します。遺産分割協議書の紙数が2枚以上になれば、これを編綴し割印を押印することが必要です。

各相続人が遺産の分割協議により取得した財産や債務は、被相続人から直接相続したことになります。

遺産分割協議書を作成する場合に注意することは、すべての相続財産や債務のすべてについて分割の協議をしたつもりでも、その一部がもれることがあることです。もれてしまいますと、そのもれた財産や債務について再び分割協議をしないと、その財産や債務の相続人が決まりません。

再度、遺産分割協議をすることは面倒ですから、遺産分割協議書を作成する際に、「本遺産分割協議の対象にならなかった被相続人の遺産が後日確認又は発見された場合には、その遺産については相続人○○が取得する。」といった文言を加えておくことが無難です。

また、遺産分割協議書は被相続人の所有するすべての不動産（土地・建物）を、誰が相続するかを記載しなければなりません。

遺産分割協議書は、相続登記の原因証書としても使いますから、不動産の明細の表示については登記事項証明書に記載されているとおりに書く必要があります。

参考までに、第13章の相続税申告書の記載例に基づき、具体的な遺産分割協議書の作成事例を記載したのが次頁以降の図表33のようになります。

【図表 34-1　遺産分割協議書の記載例①】

遺産分割協議書

被相続人山田太郎（埼玉県春日部市○○○３丁目５番１６号）は、令和３年５月１０日死亡したので、その相続人全員は、被相続人の遺産につき次のとおり分割することを決定した。

【第一　遺産の分割】

１．山田花子は、次の遺産を取得する。

〔土地〕
所　　　在　春日部市○○○３丁目
地　　　番　５７０－１
地　　　目　宅地
地　　　積　１５０．００㎡

〔家屋〕
不動産番号
所　　　在　春日部市○○○３丁目５７０－１
家 屋 番 号　５７０－１－２
種　　　類　居宅
構　　　造　鉄筋コンクリート造２階建
床　面　積　1階　４６．５０㎡
　　　　　　2階　４６．５０㎡

〔現金預貯金〕
現金　金４５０，０００円
○○銀行○○支店　普通預金　金２，１８４，１００円
○○銀行○○支店　定期預金　金１９，８０８，９１０円

〔家庭用財産〕
家具等一式　金５００，０００円

２．山田一郎は、次の遺産を取得する。

〔土地〕
所　　　在　東京都文京区○○○１丁目
地　　　番　４３０－１
地　　　目　宅地
地　　　積　３００．００㎡

〔家屋〕
不動産番号
所　　　在　東京都文京区○○○１丁目

【図表 34-2　遺産分割協議書の記載例②】

家屋番号　４３０－１－１
種　　　類　居宅
構　　　造　鉄筋コンクリート造スレートぶき２階建
床　面　積　1階　２００．００㎡
　　　　　　2階　２００．００㎡

〔その他の財産〕
未収家賃　金５３８，３５０円

３．山田幸子は、次の遺産を取得する。

〔有価証券〕
○○建設㈱　普通株式　１０，０００株

【第二　代償分割】

相続人、山田　一郎は、第一章に記載の財産を取得する代償として、各相続人に次の価額の債務を負担する事とし、それぞれの指定する金融機関の口座に、振込支払うものとする。

山田　幸子に対し、　金１０，０００，０００円

【第三　債務の負担】

1　山田　花子は、次の債務及び葬式費用を負担する。

公租公課	春日部市役所	金３４５，９００円
葬式費用	○○寺	金1，５００，０００円
葬式費用	○○タクシー	金1５０，６００円
葬式費用	○○商店	金1００，９００円
葬式費用	○○酒店	金２０，３００円
葬式費用	○○葬儀社	金1，５００，０００円

【第四　分割協議対象外の遺産】

本遺産分割協議の対象にならなかった被相続人の遺産が後日確認又は発見された場合は、その遺産については相続人山田花子が取得する。

以上のとおり分割協議が成立したので、これを証するため本書を作成し、署名捺印する。

令和３年７月１０日

【図表 34-3　遺産分割協議書の記載例③】

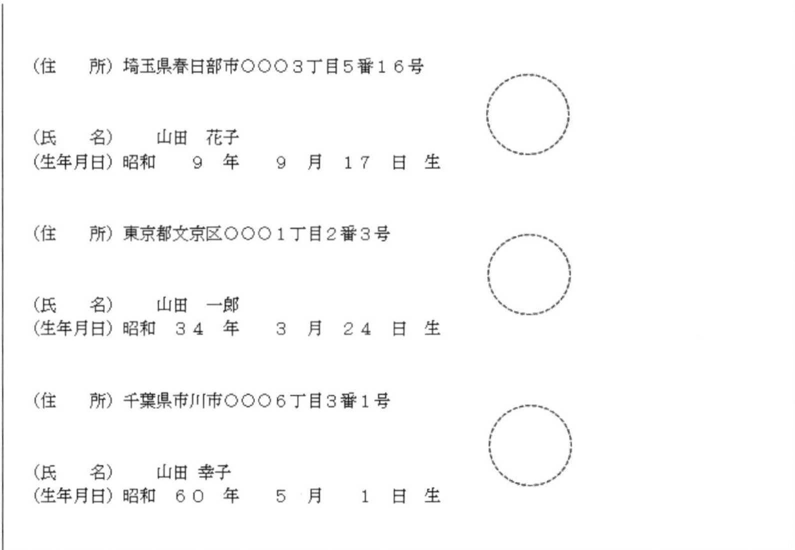

（住　　所）埼玉県春日部市○○○３丁目５番１６号

（氏　　名）　　山田　花子
（生年月日）昭和　　９　年　　９　月　１７　日　生

（住　　所）東京都文京区○○○１丁目２番３号

（氏　　名）　　山田　一郎
（生年月日）昭和　３４　年　　３　月　２４　日　生

（住　　所）千葉県市川市○○○６丁目３番１号

（氏　　名）　　山田 幸子
（生年月日）昭和　６０　年　　５　月　　１　日　生

第 10 章

相続税申告書の書き方

1．相続税申告書の構成

相続税の申告書は、第１表から第 15 表に分かれてできています。このうち、一般的に使用する申告書は図表 35 のものになります。

【図表 35　一般的に使用する相続税申告書】

第１表	相続税の申告書
第１表（続）	相続税の申告書（続）
第２表	相続税の総額の計算書
第４表	相続税額の加算金額の計算書
第４表の２	暦年課税分の贈与税額控除額の計算書
第５表	配偶者の税額軽減額の計算書
第６表	未成年者控除額・障害者控除額の計算書
第７表	相次相続控除額の計算書
第８表	外国税額控除額・農地等納税猶予税額の計算書
第９表	生命保険金などの明細書
第 10 表	退職手当金などの明細
第 11 表	相続税がかかる財産の明細書
第 11 の２表	相続時精算課税適用財産の明細書・相続時精算分の贈与税額控除額の計算書
第 11・11 表の２表の付表１	小規模宅地等についての課税価格の計算明細書（別表）
第 13 表	債務及び葬式費用の明細書
第 14 表	純資産額に加算される暦年課税分の贈与財産価額及び特定贈与財産価額・出資持分の定めのない法人などに遺贈した財産・特定の公益法人などに寄附した相続財産・特定公益信託のために支出した相続財産の明細書
第 15 表	相続財産の種類別価額表
第 15 表（続）	相続財産の種類別価額表（続）

これらの各表を記載することによって相続税の申告書ができ上がりますが、これらの表の全部を記載しなければならないものではありません。

また、第１表から第２表、次は第３表というように順を追って記載しなければならないものでもありません。相続によって取得した財産の種類や内容、その他によって表の記載の仕方や記載の順序が変わります。

したがって、関係のない表は記載の必要も提出の必要もないのです。

【図表 36　相続税申告書の使用区分】

第１表	・相続税の申告書を提出する場合は、必要 ・第２表以下の結果はすべて第１表に集約される
第１表（続）	・第１表に書ききれない場合に使用
第２表	・課税価格の合計額から、遺産に係る基礎控除額を控除した残額がある場合に使用 ・相続税の総額を計算するのに使用
第４表	相続税が２割増しになる人が相続財産をもらった場合に使用
第５表	財産を取得した人が配偶者で、配偶者の税額軽減を受ける場合に使用
第６表	財産を取得した法定相続人の内に、未成年者や障害者がいる場合に未成年者や障害者の税額控除額を計算するために使用
第７表	被相続人が今回の相続開始前１０年以内に開始した相続において、相続税を納めている場合に控除される税額を計算するために使用
第８表	外国税額控除又は農業相続人が相続税の納税猶予を受ける場合に使用
第９表	被相続人の死亡により相続人やその他の者が生命保険金を受け取った場合に使用
第 10 表	被相続人の死亡により相続人やその他の者が退職金を受け取った場合に使用
第 11 表	相続税の課税対象となった財産の明細と、その財産の取得者、取得金額を記載するために使用
第 11 の２表	相続時精算課税適用者がいる場合に利用
第 11・11 表の２表の付表１	小規模宅地等に関する評価額を計算するために使用
第 13 表	債務及び葬式費用がある場合に使用

第 14 表	財産を取得した人が、その相続開始前３年以内に贈与を受けた財産がある場合に使用
第 15 表	・相続税の申告書を提出する場合は、すべて使用

2．相続税申告書作成の順序について

相続税の申告書を作成する前に、個別に財産評価が必要な「土地及び土地の上に存する権利の評価明細書」などを作成しておきます。

「土地及び土地の上に存する権利の評価明細書」の様式は、図表 37 のとおりですが、この書類については、一般の納税者が自分で書くことは少々無理がある場合もあるかと思います。

その場合は、税の専門家に土地を評価してもらうことをおすすめします。

作成された「土地及び土地の上に存する権利の評価明細書」は、相続税の申告書に添付して提出します。

⑴　第１ステップ

相続税のかかる財産及び被相続人の債務等について、第９表から第 15 表を作成します。

①　第９表（生命保険などの明細書）を作成します。
②　第 10 表（退職手当金などの明細書）を作成します。
③　第 11・11 の２表の付表１（小規模宅地等の課税価格の計算明細書）を作成します。
④　第 11 表（相続税のかかる財産の明細書）を作成します。
⑤　第 13 表（債務及び葬式費用の明細書）を作成します。
⑥　第 14 表（純資産に加算される暦年課税分の贈与財産価額等の明細書）を作成します。
⑦　第 15 表（相続財産の種類別価額表）を作成します。

【図表 37-1　土地の及び土地の上に存する権利の評価明細書】

土地及び土地の上に存する権利の評価明細書（第１表）

局(所)	署	年分	ページ

（平成三十一年一月分以降用）

(住居表示)	（　　　）	所有者	住所（所在地）		使用者	住所（所在地）	
所在地番			氏名（法人名）			氏名（法人名）	

地目	地積	路線価				地形図及び参考事項
		正面	側方	側方	裏面	
宅地　山林 田　雑種地 畑（　　）	㎡	円	円	円	円	

間口距離	m	利用区分	自用地　私道 貸宅地　貸家建付借地権 貸家建付地　転貸借地権 借地権（　　　）	地区区分	ビル街地区　普通住宅地区 高度商業地区　中小工場地区 繁華街地区　大工場地区 普通商業・併用住宅地区
奥行距離	m				

自用地１平方メートル当たりの価額

項目	計算	(１㎡当たりの価額)	記号
1　一路線に面する宅地	（正面路線価）　（奥行価格補正率） 円 ×　　.	円	A
2　二路線に面する宅地	（A）　［側方・裏面 路線価］　（奥行価格補正率）　［側方・二方 路線影響加算率］ 円 ＋（　　円 ×　.　×　0.　　）	円	B
3　三路線に面する宅地	（B）　［側方・裏面 路線価］　（奥行価格補正率）　［側方・二方 路線影響加算率］ 円 ＋（　　円 ×　.　×　0.　　）	円	C
4　四路線に面する宅地	（C）　［側方・裏面 路線価］　（奥行価格補正率）　［側方・二方 路線影響加算率］ 円 ＋（　　円 ×　.　×　0.　　）	円	D
5-1　間口が狭小な宅地等	（AからDまでのうち該当するもの）　（間口狭小補正率）　（奥行長大補正率） 円 ×（　.　×　.　）	円	E
5-2　不整形地	（AからDまでのうち該当するもの）　不整形地補正率※ 円 ×　0. ※不整形地補正率の計算 （想定整形地の間口距離）　（想定整形地の奥行距離）　（想定整形地の地積） m ×　m ＝　㎡ （想定整形地の地積）　（不整形地の地積）　（想定整形地の地積）　（かげ地割合） （　㎡ －　㎡）÷　㎡ ＝　% （不整形地補正率表の補正率）（間口狭小補正率）（小数点以下2位未満切捨て） 0.　×　.　＝ 0.　① （奥行長大補正率）　（間口狭小補正率） .　×　.　＝ 0.　② ［不整形地補正率（①、②のいずれか低い率、0.6を下限とする。）］ 0.	円	F
6　地積規模の大きな宅地	（AからFまでのうち該当するもの）　規模格差補正率※ 円 ×　0. ※規模格差補正率の計算 （地積（Ⓐ））　（Ⓑ）　（Ⓒ）　（地積（Ⓐ））　（小数点以下2位未満切捨て） ｛（　㎡×　＋　）÷　㎡｝× 0.8 ＝ 0.	円	G
7　無道路地	（F又はGのうち該当するもの）　（※） 円 ×（ 1 － 0.　） ※割合の計算（0.4を上限とする。） （正面路線価）　（通路部分の地積）　（F又はGのうち該当するもの）　（評価対象地の地積） （　円 ×　㎡）÷（　円 ×　㎡）＝ 0.	円	H
8-1　がけ地等を有する宅地　〔南、東、西、北〕	（AからHまでのうち該当するもの）　（がけ地補正率） 円 ×　0.	円	I
8-2　土砂災害特別警戒区域内にある宅地	（AからHまでのうち該当するもの）　特別警戒区域補正率※ 円 ×　0. ※がけ地補正率の適用がある場合の特別警戒区域補正率の計算（0.5を下限とする。） 〔南、東、西、北〕 （特別警戒区域補正率表の補正率）　（がけ地補正率）　（小数点以下2位未満切捨て） 0.　× 0.　＝　0.	円	J
9　容積率の異なる2以上の地域にわたる宅地	（AからJまでのうち該当するもの）　（控除割合（小数点以下3位未満四捨五入）） 円 ×（ 1 － 0.　）	円	K
10　私道	（AからKまでのうち該当するもの） 円 ×　0.3	円	L

自用地の評価額	自用地1平方メートル当たりの価額（AからLまでのうちの該当記号）	地積	総額（自用地1㎡当たりの価額）×（地積）	
	（　）　円	㎡	円	M

（注）1　5-1の「間口が狭小な宅地等」と5-2の「不整形地」は重複して適用できません。
2　5-2の「不整形地」の「AからDまでのうち該当するもの」欄の価額について、AからDまでの欄で計算できない場合には、（第2表）の「備考」欄等で計算してください。
3　「がけ地等を有する宅地」であり、かつ、「土砂災害特別警戒区域内にある宅地」である場合については、8-1の「がけ地等を有する宅地」欄ではなく、8-2の「土砂災害特別警戒区域内にある宅地」欄で計算してください。

（資4-25-1-A4統一）

【図表 37-2　土地の及び土地の上に存する権利の評価明細書】

土地及び土地の上に存する権利の評価明細書（第２表）

セットバックを必要とする宅地の評価額	（自用地の評価額）円 － （（自用地の評価額）円 × （該当地積）㎡ / （総地積）㎡ × 0.7）	（自用地の評価額）円	N
都市計画道路予定地の区域内にある宅地の評価額	（自用地の評価額）円 × （補正率）0.	（自用地の評価額）円	O

（平成三十一年一月分以降用）

大規模工場用地等の評価額	○ 大規模工場用地等 （正面路線価）円 × （地積）㎡ × （地積が20万㎡以上の場合は0.95）	円	P
	○ ゴルフ場用地等 （宅地とした場合の価額）（地積）（円 × ㎡×0.6） － （（1㎡当たりの造成費）円× （地積）㎡）	円	Q

	利用区分	算式	総額	記号
総額計算による価額	貸宅地	（自用地の評価額）円 × （1－ （借地権割合）0.　　）	円	R
	貸家建付地	（自用地の評価額又はT）円 × （1－ （借地権割合）0. ×（借家権割合）0. ×（賃貸割合）㎡/㎡）	円	S
	（　）権の目的となっている土地	（自用地の評価額）円 × （1－ （　割合）0.　　）	円	T
	借地権	（自用地の評価額）円 × （借地権割合）0.	円	U
	貸家建付借地権	（U,ABのうちの該当記号）（　）円 × （1－ （借家権割合）0. × （賃貸割合）㎡/㎡）	円	V
	転貸借地権	（U,ABのうちの該当記号）（　）円 × （1－ （借地権割合）0.　　）	円	W
	転借権	（U,V,ABのうちの該当記号）（　）円 × （借地権割合）0.	円	X
	借家人の有する権利	（U,X,ABのうちの該当記号）（　）円 × （借家権割合）0. × （賃借割合）㎡/㎡	円	Y
	（　）権	（自用地の評価額）円 × （　割合）0.	円	Z
	土地の上に存する権利が競合する場合の土地	（R,Tのうちの該当記号）（　）円 × （1－ （　割合）0.　　）	円	AA
	他の権利と競合する場合の権利	（U,Zのうちの該当記号）（　）円 × （1－ （　割合）0.　　）	円	AB
備考				

（注）　区分地上権と区分地上権に準ずる地役権とが競合する場合については、備考欄等で計算してください。

（資4－25－2－Ａ4統一）

⑵　第２ステップ

課税価格の合計額及び相続税の総額を計算するため、第１表、第２表を作成します。

⑧　第１表（相続税の申告書）で課税価格の計算をします。

⑨　第２表（相続税の総額の計算書）で相続税の総額を計算します。

⑶　第３ステップ

税額控除の額を計算するため、第４表から第８表までを作成し、第１表に税額控除額を転記し、各人の納付すべき相続税額を算定します。

⑩　第４表（暦年課税分の贈与税額控除額の計算書）を作成します。

⑪　第５表（配偶者の税額軽減額の計算書）を作成します。

⑫　第６表（未成年者控除額・障害者控除額の計算書）を作成します。

⑬　第７表（相次相続控除額の計算書）を作成します。

⑭　第８表（外国税額控除額の計算書）を作成します。

⑮　第１表に第５表から第８表で計算された各種税額控除額を転記し、最終的に各人の納付すべき相続税額を算定します。

３．添付書類

相続税の申告を提出するに当たって、「土地及び土地の上に存する権利の評価明細書」などの評価明細書以外に、一般的に添付すべき書類は、図表38のとおりです。

【図表38　添付すべき書類】

①	被相続人のすべての相続人を明らかにする戸籍の謄本（相続開始の日から10日を経過した日以後に作成されたもの）
②	遺言書の写し又は遺産分割協議書の写し
③	相続人全員の印鑑証明書（遺産分割協議書に押印したもの）
④	相続時精算課税適用者がいる場合には、被相続人及び相続時精算課税適用者の戸籍の写し（相続開始の日以後に作成されたもの）

特定居住用宅地等に該当する宅地に小規模宅地等の特例の適用を受ける場合には、さらに次の書類が必要です。

⑴　住民票の写し（相続開始の日以後に作成されたもの）。ただし、被相続人の配偶者が特例の適用を受ける場合には不要です。

⑵　被相続人の親族で、相続開始前３年以内に自己又は自己の配偶者の所有する家屋に居住したことがないことなど一定の要件を満たす人が、被相続人の居住の用に供されていた宅地等について特例の適用を受ける場合

①　戸籍の附表の写し（相続開始の日以後に作成されたもの）

②　相続開始前３年以内に居住していた家屋が、自己又は自己の配偶者の所有する家屋以外の家屋である旨を証する書類

⑶　被相続人が養護老人ホームに入所していたことなど、一定の事由により相続開始の直前に被相続人の居住の用に供されていなかった宅地等について特例の適用を受ける場合

①　被相続人の戸籍の附表の写し（相続開始の日以後に作成されたもの）

②　介護保険の被保険者証の写しや障害者の日常生活及び社会生活を総合的に支援するための法律第 22 条第８項に規定する障害者福祉サービス受給者証の写しなど、被相続人が介護保険法第 19 条第１項に規定する要介護認定、同条第２項に規定する要支援認定を受けていたこと若しくは介護保険法施行規則第 140 条の 62 の４第２号に該当していたこと又は障害者の日常生活及び社会生活を総合的に支援するための法律第 21 条第１項に規定する障害者支援区分の認定を受けていたことを明らかにする書類

③　施設への入所時における契約書の写しなど、被相続人が相続開始の直前において入居又は入所していた住居又は施設の名称及び所在地並びにその住居又は施設が次のいずれかに該当するかを明らかにする書類

・養護老人ホーム、特別養護老人ホーム、経費老人ホーム、有料老人ホーム、介護老人保健施設、サービス付き高齢者向け住宅、障害者支援施設又は共同生活援助を行う住居

4．添付したほうがよい書類

財産などを評価するために参考にした資料は、提出義務はありませんが、可能な限り取り揃えて税務署に提出するようにします。

添付したほうがよい資料は、財産の内容によって変わりますが、次のようなものがあります。

① 土地や家屋の登記事項証明書
② 土地や家屋の固定資産税評価証明書
③ 預貯金の残高証明書
④ 生命保険の支払通知書の写し
⑤ 借入金の残高証明書
⑥ 未払金などの債務を証する書類
⑦ 葬式費用に関する領収書

5．相続税の納税

⑴ 相続税の納付期限

相続税の納付期限は、相続税の申告期限と同じです。通常は、相続税の申告を行ってから、金融機関又は税務署で一括納付します。

納付書は、相続人ごとに、１人１枚の納付書で納付します。

⑵ 連帯納付義務

相続税は、財産を相続した相続人が自分の負担すべき相続税を納付期限までに納付するのが原則ですが、相続人の中に相続税を滞納している人がいる場合、他の相続人が連帯して滞納分の相続税を支払う義務があります。

ただし、他の相続人が負担すべき納付義務は、自らが相続した金額の限度内にとどまります。

コラム　遺言控除が相続税を変える？

生前に遺言を作成した場合に、相続税の負担を軽減する「遺言控除」を導入する案が自民党内で浮上しています。法律的に有効な遺言は、民法に規定する法定相続に優先するため、相続を巡るトラベルを未然に防ぐ狙いがあります。今後、自民党税制調査会に提案し、平成 30 年までの導入を目指す予定だそうです。

遺言控除の具体的な内容は、現時点では必ずしも明確ではありませんが、故人が遺言を残していた場合、相続税の基礎控除に数百万円を上乗せすることで相続税を減税する案を軸に検討されているようです。

遺言がない場合、民法に基づいて相続人が遺産分割協議することになりますが、もめごとが起きて調停や審判を申し立てるケースが増えています。司法統計によれば、平成 25 年度に全国の家庭裁判所が受け付けた遺産分割を巡る調停・審判件数は約 1 万 5 千件と、過去 10 年で 3 割も増加しています。「もらえるものはもらっておきたい」と考える人が増えたため、相続争いはますます増える傾向にあります。

一方、公証役場で作成する公正証書遺言の作成件数も、ここ数年毎年 1 割前後増え続け、平成 26 年には 10 万件を突破しました。

遺言控除が新設されれば、相続税がかかる人を中心に遺言書を作成する人が大幅に増えることは間違いないでしょう。

第 11 章

配偶者の税額軽減を適用し
全財産を配偶者に相続させる
相続税申告書の記載例

本章では、具体的な事例に基づき相続税申告書の用紙（表）を用いながら相続税申告書を作成していきます。

1．前提

⑴　被相続人や相続人に関する明細

①　被相続人が死亡した日

令和３年５月 10 日

②　被相続人の住所、氏名、生年月日、職業

住　所　　埼玉県春日部市○○○３丁目５番 16 号

氏　名　　山田太郎

生年月日　昭和 10 年 10 月 19 日（85 歳）

職　業　　無職

③　法定相続人の明細

被相続人との続柄：住所、氏名、生年月日、職業

・妻：埼玉県春日部市○○○３丁目５番 16 号、山田花子、昭和 15 年９月 17 日（80 歳）、無職

・長男：東京都文京区○○○１丁目２番３号、山田一郎、昭和 40 年３月 24 日（56 歳）、会社員

・二男：千葉県市川市○○○６丁目３番１号、山田次郎、昭和 42 年２月 14 日（54 歳）、会社員

⑵　相続財産等の明細

＜山田花子の取得財産等＞

①　土地　居住用宅地	春日部市○○○３丁目 570 － 1 150.00㎡ 評価額　　60,000,000 円
②　家屋　自用家屋	春日部市○○○３丁目 570 － 1

	鉄筋コンクリート造２階建 延床面積　93.00㎡ 評価額　　3,674,970 円
③　有価証券	○○建設株式会社　10,000 株 評価額　　7,830,000 円
④　現金	450,000 円
⑤　○○銀行○○支店	普通預金　　2,184,100 円 定期預金　19,808,910 円 （定期預金利息 17,176 円含む、両端日捨）
⑥　家庭用財産	家具等一式　　500,000 円
⑦　生命保険	○○生命保険相互会社　受取人　山田花子 29,629,483 円受領 ○○生命保険相互会社　受取人　山田花子 5,000,000 円受領 ××生命保険相互会社　受取人　山田花子 10,000,000 円受領
⑧　未納固定資産税	345,900 円（令和３年分）
⑨　葬式費用	○○寺　　　1,500,000 円 ○○タクシー　　150,600 円 ○○商店　　　100,900 円 ○○酒店　　　　20,300 円 ○○葬儀社　1,500,000 円
遺産総額	135,459,763 円

2．生命保険金

生命保険金は、図表 39 の第９表「生命保険金などの明細書」を作成した後に、第 11 表に転記します。

【図表 39　第９表　生命保険金などの明細書】

生命保険金などの明細書

被相続人	山田　太郎

第9表（平成21年4月分以降用）

1　相続や遺贈によって取得したものとみなされる保険金など

この表は、相続人やその他の人が被相続人から相続や遺贈によって取得したものとみなされる生命保険金、損害保険契約の死亡保険金及び特定の生命共済金などを受け取った場合に、その受取金額などを記入します。

❶ 保険会社等の所在地	❷ 保険会社等の名称	❸ 受取年月日	❹ 受取金額	❺ 受取人の氏名
千代田区○○２丁目×番	○○生命保険（相）	3・7・10	円 29,629,483	山田　花子
千代田区○○２丁目×番	○○生命保険（相）	3・7・10	5,000,000	山田　花子
千代田区○○１丁目×番	××生命保険（相）	3・7・12	10,000,000	山田　花子
		・　・		
		・　・		

（注）1　相続人（相続の放棄をした人を除きます。以下同じです。）が受け取った保険金などのうち一定の金額は非課税となりますので、その人は、次の２の該当欄に非課税となる金額と課税される金額とを記入します。
2　相続人以外の人が受け取った保険金などについては、非課税となる金額はありませんので、その人は、その受け取った金額そのままを第11表の「財産の明細」の「価額」の欄に転記します。
3　相続時精算課税適用財産は含まれません。

2　課税される金額の計算

この表は、被相続人の死亡によって相続人が生命保険金などを受け取った場合に、記入します。

保険金の非課税限度額	（500万円×❻〔第２表のⒶの法定相続人の数〕3人）により計算した金額を右のⒶに記入します。）	Ⓐ 円 ❼ 15,000,000

❽ 保険金などを受け取った相続人の氏名	① 受け取った保険金などの金額	② 非課税金額（Ⓐ× 各人の①／Ⓑ）	③ 課税金額（①－②）
山田　花子	❽ 円 44,629,483	❾ 円 15,000,000	❿ 円 29,629,483
合計	Ⓑ 44,629,483	15,000,000	29,629,483

（注）1　Ⓑの金額がⒶの金額より少ないときは、各相続人の①欄の金額がそのまま②欄の非課税金額となりますので、③欄の課税金額は０となります。
2　③欄の金額を第11表の「財産の明細」の「価額」欄に転記します。

第９表（平30.7）　（資４－20－10－Ａ４統一）

①「1　相続や遺贈によって取得したものとみなされる保険金など」の欄に生命保険金の支払明細書に記載されている内容を記入します。

❶ 生命保険金の支払明細書から「保険会社等の所在地」を記入します。

❷「保険会社等の名称」を記入します。

❸「受取年月日」に生命保険会社から保険金を受け取った年月日を記入します。

❹ 生命保険金の支払明細書から「受取金額」を記入します。

❺「受取人の氏名」に被相続人が保険契約の際に指定した受取人の氏名を記入します。

②「2　課税される金額の計算」の欄で課税金額を計算します。

❻「保険金の非課税限度額」に法定相続人の人数を記入します。

❼ 500万円×法定相続人の数をⒶに記入します

❽ 保険金を受け取った相続人ごとに「氏名」「保険金合計金額」を記入します。

❾「非課税金額」を記入します。

非課税金額は、

Ⓐ「保険金の非課税限度額」× 各相続人の受取保険金などの金額 ÷ 相続人全員の受取保険金合計金額

になります。

❿「2　課税される金額の計算」の欄の①－②が課税金額となります。

3．土地

(1) 土地及び土地の上に存する権利の評価明細書を作成する

図表40の「土地及び土地の上に存する権利の評価明細書」は、土地の評価を行うための書式です。

① 図表41の「固定資産課税台帳記載事項証明書（評価証明書）」から必要事項を記入していきます。

【図表 40　土地及び土地の上に存する権利の評価明細書】

土地及び土地の上に存する権利の評価明細書（第１表）　関東信越国税局(所) 春日部 署　❶ 令和3 年分　ページ

（平成三十一年一月分以降用）

（住居表示）	（埼玉県春日部市○○）○３丁目５番１６号 ❷	所有者	住所（所在地）	埼玉県春日部市○○○３丁目５番１６号 ❷	使用者	住所（所在地）	埼玉県春日部市○○○３丁目５番１６号 ❷
所在地番	春日部市○○○３丁目 ５７０－１ ❹		氏名（法人名）	❸ 山田　太郎		氏名（法人名）	❸ 山田　太郎

❺ 地目	地積	路線価 正面	側方	側方	裏面	地形図及び参考事項
(宅地) 山林 田 雑種地 畑（　）	❻ 150.00 ㎡	❾ 400,000 円	円	円	円	

間口距離	❼ 10.00 m	利用区分	❽ (自用地) 私道 貸宅地 貸家建付借地権 貸家建付地 転貸借地権 借地権（　）	地区区分	ビル街地区 ❾ (普通住宅地区) 高度商業地区 中小工場地区 繁華街地区 大工場地区 普通商業・併用住宅地区
奥行距離	❼ 15.00 m				

自用地１平方メートル当たりの価額			記号
1 一路線に面する宅地（正面路線価）❾ 400,000円 ×（奥行価格補正率）❿ 1.00	（1㎡当たりの価額）円 ⓫ 400,000		A
2 二路線に面する宅地 （A）［側方・裏面 路線価］（奥行価格補正率）［側方・二方 路線影響加算率］ 円 ＋（　円 ×　×　）	（1㎡当たりの価額）円		B
3 三路線に面する宅地 （B）［側方・裏面 路線価］（奥行価格補正率）［側方・二方 路線影響加算率］ 円 ＋（　円 ×　×　）	（1㎡当たりの価額）円		C
4 四路線に面する宅地 （C）［側方・裏面 路線価］（奥行価格補正率）［側方・二方 路線影響加算率］ 円 ＋（　円 ×　×　）	（1㎡当たりの価額）円		D
5-1 間口が狭小な宅地等（AからDまでのうち該当するもの）（間口狭小補正率）（奥行長大補正率） 円 ×（　×　）	（1㎡当たりの価額）円		E
5-2 不整形地（AからDまでのうち該当するもの）不整形地補正率※ 円 × ※不整形地補正率の計算（想定整形地の間口距離）（想定整形地の奥行距離）（想定整形地の地積） m × m ＝ ㎡ （想定整形地の地積）（不整形地の地積）（想定整形地の地積）（かげ地割合）（　㎡ －　㎡）÷　㎡ ＝　％ （不整形地補正率表の補正率）（間口狭小補正率）（小数点以下2位未満切捨て）× ＝ ① （奥行長大補正率）（間口狭小補正率）× ＝ ② ［不整形地補正率（①、②のいずれか低い率、0.6を下限とする。）］	（1㎡当たりの価額）円		F
6 地積規模の大きな宅地（AからFまでのうち該当するもの）規模格差補正率※ 円 × ※規模格差補正率の計算（地積（Ⓐ））（Ⓑ）（Ⓒ）（地積（Ⓐ））（小数点以下２位未満切捨て）｛（　㎡×　＋　）÷　㎡｝× 0.8 ＝	（1㎡当たりの価額）円		G
7 無道路地（F又はGのうち該当するもの）（※） 円 ×（1 －　） ※割合の計算（0.4を上限とする。）（正面路線価）（通路部分の地積）（F又はGのうち該当するもの）（評価対象地の地積）（　円 ×　㎡）÷（　円 ×　㎡）＝	（1㎡当たりの価額）円		H
8-1 がけ地等を有する宅地〔南、東、西、北〕（AからHまでのうち該当するもの）（がけ地補正率） 円 ×	（1㎡当たりの価額）円		I
8-2 土砂災害特別警戒区域内にある宅地（AからHまでのうち該当するもの）特別警戒区域補正率※ 円 × ※がけ地補正率の適用がある場合の特別警戒区域補正率の計算（0.5を下限とする。）〔南、東、西、北〕（特別警戒区域補正率表の補正率）（がけ地補正率）（小数点以下２位未満切捨て）× ＝	（1㎡当たりの価額）円		J
9 容積率の異なる２以上の地域にわたる宅地（AからJまでのうち該当するもの）（控除割合（小数点以下３位未満四捨五入）） 円 ×（1 －　）	（1㎡当たりの価額）円		K
10 私道（AからKまでのうち該当するもの） 円 × 0.3	（1㎡当たりの価額）円		L

自用地の評価額	自用地１平方メートル当たりの価額（AからLまでのうちの該当記号）	地積	総額（自用地1㎡当たりの価額）×（地積）	
	（A） ⓬ 400,000 円	（持分 150.00）⓭ 150.00 ㎡	（持分 150/150）⓮ 60,000,000 円	M

（注）1　5-1の「間口が狭小な宅地等」と5-2の「不整形地」は重複して適用できません。
2　5-2の「不整形地」の「AからDまでのうち該当するもの」欄の価額について、AからDまでの欄で計算できない場合には、（第２表）の「備考」欄等で計算してください。
3　「がけ地等を有する宅地」であり、かつ、「土砂災害特別警戒区域内にある宅地」である場合については、8-1の「がけ地等を有する宅地」欄ではなく、8-2の「土砂災害特別警戒区域内にある宅地」欄で計算してください。

（資4－25－1－A4統一）

❶　評価証明書の「年度」欄の数字を転記します。

❷　評価証明書の「所有者住所」欄を転記します。

❸　評価証明書の「所有者氏名」欄を転記します。

❹　評価証明書の「所在地」欄を転記します。

❺　評価証明書の「登記地目」欄から「宅地」に○をつけます。

❻　評価証明書の「地積」欄の㎡を小数点第2位まで転記します。

②　国税庁が公表している路線価図（図表43）より路線価を記入します。

❼　土地の間口距離及び奥行距離を記入します。

❽　他者の権利が付着していない自宅の土地であるので「利用区分」「自用地」に○をつけます。

❾　路線価表の路線に、無印で← 400E →となっている路線のみに土地が接しているとすると、普通住宅地区、正面路線価400千円を表しているので、「地区区分」の「普通住宅地区」に○をつけ、「路線価」の「正面」と「自用地1平方メートル当たりの価額」欄の1「一路線に面する宅地」に正面路線価400,000円を記入します。

❿　奥行距離が15.00 mの普通住宅地の奥行価格補正率表（図表42）を見ると1.00ですので「奥行価格補正率」1.00を記入します。

⓫　❾×❿の400,000円が1㎡当たりの価額になります。

③　土地の総額を計算します。

【図表41　固定資産課税台帳記載事項証明書　埼玉】

固定資産課税台帳記載事項証明書（評価証明書）

0000000001
（　1/　1）

年度	所有者住所	所有者氏名
令和3年 ❶	埼玉県春日部市○○○3丁目5番16号 ❷	山田　太郎 ❸

区分	所在地 ( ) 内は家屋番号	登記地目・課税地目 家屋の種類	地積（㎡） 床面積（㎡）	建築年 構造・屋根・階層	価格（円）
		備考			
土地	○○○3丁目 ❹ 570－1	宅地・宅地 ❺	150.00 ❻		52,500,000
家屋	○○○3丁目 570－1　(570-1-2)	居宅	93.00	平成10年 鉄筋コンクリート造　2階建	3,674,970
	以下余白				

【図表 42　奥行価格補正率表】

地区区分 奥行距離 (メートル)	ビル街地区	高度商業地区	繁華街地区	普通商業・併用住宅地区	普通住宅地区	中小工場地区	大工場地区
4未満	0.80	0.90	0.90	0.90	0.90	0.85	0.85
4以上6未満		0.92	0.92	0.92	0.92	0.90	0.90
6〃　8〃	0.84	0.94	0.95	0.95	0.95	0.93	0.93
8〃　10〃	0.88	0.96	0.97	0.97	0.97	0.95	0.95
10〃　12〃	0.90	0.98	0.99	0.99		0.96	0.96
12〃　14〃	0.91	0.99				0.97	0.97
14〃　16〃	0.92				1.00	0.98	0.98
16〃　20〃	0.93		1.00			0.99	0.99
20〃　24〃	0.94			1.00			
24〃　28〃	0.95				0.97		
28〃　32〃	0.96	1.00	0.98		0.95		
32〃　36〃	0.97		0.96	0.97	0.93		
36〃　40〃	0.98		0.94	0.95	0.92		
40〃　44〃	0.99		0.92	0.93	0.91	1.00	

【図表 43　路線価図】

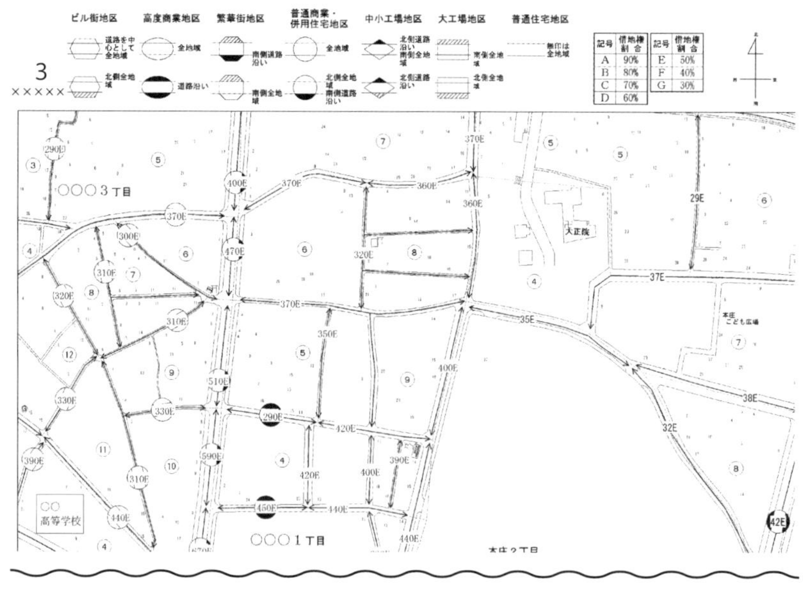

⓬ 「自用地の評価額」「自用地1平方メートル当たりの価額」欄に上記⓫の金額400,000円を記入します。

⓭ 「地積」欄に上記❻の150.00㎡を記入します。

⓮ 「総額」欄に上記⓬×⓭＝60,000,000円を記入します。

⑵ 小規模宅地等の特例を利用する

被相続人山田太郎が居住用として利用していた不動産を、相続人の妻山田花子が相続することで、小規模宅地等の特例を利用することができます。

図表44の第11・11の2表の付表1「小規模宅地等についての課税価格の計算明細書」に記入していきます。

❶ 小規模宅地等の特例を受けるためには、対象となる財産を取得したすべての人の同意が必要ですが、事例では妻山田花子のみが財産を取得するので、「1　特例にあたっての同意」欄に山田花子の氏名を記入します。

❷ 「2　小規模宅地等の明細」「小規模宅地等の種類」欄に番号を記入します。事例は特定居住用宅地等になりますので1を記入します。

❸ 「2　小規模宅地等の明細」①「特例の適用を受ける取得者の氏名」欄に、小規模宅地等の特例を受ける者の氏名を記入します。

❹ 「2　小規模宅地等の明細」②「所在地番」欄に評価証明書の所在地を記入します。

❺ 「2　小規模宅地等の明細」③「取得者の持分に応ずる宅地等の面積」欄は、財産のすべてを妻山田花子が取得し、持分は100％になるので、評価証明書の地積をそのまま記入します。

❻ 「2　小規模宅地等の明細」④「取得者の持分に応ずる宅地等の価額」欄に上記「土地及び土地の上に存する権利の評価明細書」で計算した「自用地の評価額」を記入します。

❼ a 「2　小規模宅地等の明細」⑤「③のうち小規模宅地等の面積」欄は、今回取得する土地は一筆であるので③「取得者の持分に応ずる宅地等の面積」で記入した金額を転記します。

b 「限度面積要件」の判定欄の⑩「⑤の小規模宅地等の面積の合計」「特定居住用宅地等」欄に特定居住用宅地等で小規模宅地等の特例

【図表 44　小規模宅地等についての課税価格の計算明細書】

小規模宅地等についての課税価格の計算明細書

FD3549

被相続人	山田　太郎

この表は、小規模宅地等の特例（租税特別措置法第69条の4第1項）の適用を受ける場合に記入します。
なお、被相続人から、相続、遺贈又は相続時精算課税に係る贈与により取得した財産のうちに、「特定計画山林の特例」の対象となり得る財産又は「個人の事業用資産についての相続税の納税猶予及び免除」の対象となり得る宅地等その他一定の財産がある場合には、第11・11の2表の付表2を、「特定事業用資産の特例」の対象となり得る財産がある場合には、第11・11の2表の付表2の2を作成します（第11・11の2表の付表2又は付表2の2を作成する場合には、この表の「1 特例の適用にあたっての同意」欄の記入を要しません。）。
（注）この表の1又は2の各欄に記入しきれない場合には、第11・11の2表の付表1(続)を使用します。

1　特例の適用にあたっての同意

この欄は、小規模宅地等の特例の対象となり得る宅地等を取得した全ての人が次の内容に同意する場合に、その宅地等を取得した全ての人の氏名を記入します。

私(私たち)は、「2 小規模宅地等の明細」の①欄の取得者が、小規模宅地等の特例の適用を受けるものとして選択した宅地等又はその一部（「2 小規模宅地等の明細」の⑤欄で選択した宅地等）の全てが限度面積要件を満たすものであることを確認の上、その取得者が小規模宅地等の特例の適用を受けることに同意します。

氏名	❶山田　花子		

（注）小規模宅地等の特例の対象となり得る宅地等を取得した全ての人の同意がなければ、この特例の適用を受けることはできません。

2　小規模宅地等の明細

この欄は、小規模宅地等の特例の対象となり得る宅地等を取得した人のうち、その特例の適用を受ける人が選択した小規模宅地等の明細等を記載し、相続税の課税価格に算入する価額を計算します。

「小規模宅地等の種類」欄は、選択した小規模宅地等の種類に応じて次の1～4の番号を記入します。
小規模宅地等の種類：1 特定居住用宅地等、2 特定事業用宅地等、3 特定同族会社事業用宅地等、4 貸付事業用宅地等

選択した小規模宅地等	小規模宅地等の種類（1～4の番号を記入します。）	① 特例の適用を受ける取得者の氏名〔事業内容〕 ② 所在地番 ③ 取得者の持分に応ずる宅地等の面積 ④ 取得者の持分に応ずる宅地等の価額	⑤ ③のうち小規模宅地等（「限度面積要件」を満たす宅地等）の面積 ⑥ ④のうち小規模宅地等（④×⑤/③）の価額 ⑦ 課税価格の計算に当たって減額される金額（⑥×⑨） ⑧ 課税価格に算入する価額（④－⑦）
	❷1	① 山田　花子❸〔　〕	⑤ ❼a150.00000000㎡
		② 春日部市○○○3丁目570－1❹	⑥ ❽60000000円
		③ ❺150.000000㎡	⑦ ❾48000000円
		④ ❻60000000円	⑧ ❿12000000円
		①〔　〕	⑤ ㎡
		②	⑥ 円
		③ ㎡	⑦ 円
		④ 円	⑧ 円
		①〔　〕	⑤ ㎡
		②	⑥ 円
		③ ㎡	⑦ 円
		④ 円	⑧ 円

（注）1　①欄の「〔　〕」は、選択した小規模宅地等が被相続人等の事業用宅地等（2、3又は4）である場合に、相続開始の直前にその宅地等の上で行われていた被相続人等の事業について、例えば、飲食サービス業、法律事務所、貸家などのように具体的に記入します。
2　小規模宅地等を選択する一の宅地等が共有である場合又は一の宅地等が貸家建付地である場合において、その評価額の計算上「賃貸割合」が1でないときには、第11・11の2表の付表1(別表1)を作成します。
3　小規模宅地等を選択する宅地等が、配偶者居住権に基づく敷地利用権又は配偶者居住権の目的となっている建物の敷地の用に供される宅地等である場合には、第11・11の2表の付表1(別表1の2)を作成します。
4　⑧欄の金額を第11表の「財産の明細」の「価額」欄に転記します。

○　「限度面積要件」の判定

上記「2 小規模宅地等の明細」の⑤欄で選択した宅地等の全てが限度面積要件を満たすものであることを、この表の各欄を記入することにより判定します。

小規模宅地等の区分	被相続人等の居住用宅地等	被相続人等の事業用宅地等		
小規模宅地等の種類	1 特定居住用宅地等	2 特定事業用宅地等	3 特定同族会社事業用宅地等	4 貸付事業用宅地等
⑨ 減額割合	80/100	80/100	80/100	50/100
⑩ ⑤の小規模宅地等の面積の合計	❼b 150.00000000㎡	㎡	㎡	㎡
⑪限度面積 イ 小規模宅地等のうちに4貸付事業用宅地等がない場合	〔1の⑩の面積〕❼c 150.00000000 ≦330㎡	〔2の⑩及び3の⑩の面積の合計〕㎡≦400㎡		
⑪限度面積 ロ 小規模宅地等のうちに4貸付事業用宅地等がある場合	〔1の⑩の面積〕㎡×200/330 ＋	〔2の⑩及び3の⑩の面積の合計〕㎡×200/400 ＋	〔4の⑩の面積〕㎡≦200㎡	

（注）限度面積は、小規模宅地等の種類（「4 貸付事業用宅地等」の選択の有無）に応じて、⑪欄（イ又はロ）により判定を行います。「限度面積要件」を満たす場合に限り、この特例の適用を受けることができます。

※税務署整理欄	年分		名簿番号		申告年月日		一連番号		グループ番号		補完	

○この申告書は機械で読み取りますので、黒ボールペンで記入してください。
※の項目は記入する必要がありません。

第11・11の2表の付表1（令和2年4月分以降用）

第11・11の2表の付表1（令2.7）　（資4－20－12－3－1－A4統一）

を適用する宅地面積の合計を記入します。

c　事例は特定居住用宅地等のみで、貸付事業用宅地等がないので「限度面積要件」の判定欄の⑪「限度面積」イに⑩の面積を記入します。150㎡≦330㎡であるため、要件を満たしております。

❽「2　小規模宅地等の明細」⑥「④のうち小規模宅地等の価額」欄は④「取得者の持分に応ずる宅地等の価額」×⑤「取得者の持分に応ずる小規模宅地等の面積」÷③「取得者の持分に応ずる宅地等の面積」を記入します。

❾「限度面積要件」の判定欄の⑨「減額割合」「特定居住用宅地等」を見ると80/100になっておりますので、「2　小規模宅地等の明細」⑦「課税価格の計算に当たって減額される金額」に⑥「④のうち小規模宅地等の価額」×⑨「減額割合」80/100を記入します。

❿「2　小規模宅地等の明細」⑧「課税価格に算入する価額」に④「取得者の持分に応ずる宅地等の価額」－⑦「課税価格の計算に当たって減額される金額」を記入します。

⑶　第11表の相続税がかかる財産の明細書に転記する（図表45参照）

①「遺産の分割状況」欄の1全部分割に○をつけ、遺産分割協議が調った日を記入します。

②「財産の明細」欄に記入していきます。

❶「種類」に土地と記入します。

❷「細目」に評価証明書から登記地目の宅地と記入します。

❸「利用区分、銘柄等」に、他者の権利が付着していない自宅の土地であるので自用地と記入します。

❹「所在場所等」に「土地及び土地の上に存する権利の評価明細書」に記入した所在地番を転記します。

❺「数量」に「土地及び土地の上に存する権利の評価明細書」に記入した地積の平米数を転記します。

❻「単価」「倍数」欄は、小規模宅地等の特例を適用しますので、「11・11の2表の付表1のとおり」と記入します。

【図表45　第11表　相続税がかかる財産の明細書】

相続税がかかる財産の明細書
（相続時精算課税適用財産を除きます。）

被相続人　山田　太郎

第11表（令和2年4月分以降用）

○相続時精算課税適用財産の明細については、この表によらず第11の2表に記載します。

この表は、相続や遺贈によって取得した財産及び相続や遺贈によって取得したものとみなされる財産のうち、相続税のかかるものについての明細を記入します。

遺産の分割状況	区分	① 全部分割	2 一部分割	3 全部未分割
	分割の日	3・8・18	・・	

種類	細目	利用区分、銘柄等	所在場所等	数量 / 固定資産税評価額	単価 / 倍数	価額	取得した人の氏名	取得財産の価額
土地 ❶	宅地 ❷	自用地 ❸	埼玉県春日部市○○○3丁目5番16号 ❹	❺ 150.00㎡	❻ 11・11の2表の付表1のとおり 円	❼ 12,000,000 円	③ 山田　花子	③ 12,000,000 円
(計)						(12,000,000)		
《合計》						《12,000,000》		

合計表		(各人の合計)	山田　花子	山田　一郎	山田　次郎		
財産を取得した人の氏名							
分割財産の価額	①	円	円	円	円	円	円
未分割財産の価額	②						
各人の取得財産の価額（①＋②）	③						

（注）1　「合計表」の各人の③欄の金額を第1表のその人の「取得財産の価額①」欄に転記します。
2　「財産の明細」の「価額」欄は、財産の細目、種類ごとに小計及び計を付し、最後に合計を付して、それらの金額を第15表の①から㉚までの該当欄に転記します。

第11表（令2.7）　（資4－20－12－1－A4統一）

❼「価額」は、前掲「小規模宅地等についての課税価格の計算明細書」で記入した⑧「課税価格に算入する価額」を記入します。

③「分割が確定した財産」欄に、取得した人の氏名、取得財産の価額を記入します。

4．家屋

⑴ 第11表の相続税がかかる財産の明細書に記載する（図表46参照）

居住用家屋については基本的に、固定資産税評価額がそのまま相続税の評価額になりますので、固定資産の評価証明書（図表47）を参照し、記入していきます。

【図表46 第11表 相続税がかかる財産の明細書】

相続税がかかる財産の明細書
（相続時精算課税適用財産を除きます。）

被相続人 山田 太郎

第11表（令和2年4月分以降用）

○相続時精算課税適用財産の明細については、この表によらず第

この表は、相続や遺贈によって取得した財産及び相続や遺贈によって取得したものとみなされる財産のうち、相続税のかかるものについての明細を記入します。

遺産の分割状況		① 全部分割	2 一部分割	3 全部未分割
	区分			
	分割の日	3・8・18	・・	

財産の明細							分割が確定した財産	
種類	細目	利用区分、銘柄等	所在場所等	数量 / 固定資産税評価額	単価 / 倍数	価額	取得した人の氏名	取得財産の価額
土地	宅地	自用地	埼玉県春日部市〇〇〇3丁目5番16号	150.00㎡ / 円	円 [11・11の2表の付表1のとおり]	円 12,000,000	山田 花子	円 12,000,000
〈計〉						〈12,000,000〉		
家屋 ❶	家屋 (鉄筋コンクリート造2・居宅) ❷	自用家屋 ❸	春日部市〇〇〇3丁目570－1 ❹	93.00㎡ ❺ / 3,674,970 ❻		❼ 3,674,970	❽ 山田 花子	❽ 3,674,970
〈計〉						〈3,674,970〉		
《合計》						《15,674,970》		

【図表 47　固定資産課税台帳記載事項証明書（評価証明書）】

固定資産課税台帳記載事項証明書（評価証明書）

0000000001
（　1/　1）

年度	所有者住所	所有者氏名
令和3年	埼玉県春日部市○○○３丁目５番１６号	山田　太郎

区分	所在地 （）内は家屋番号	登記地目・課税地目 家屋の種類	地積（㎡） 床面積（㎡）	建築年 構造・屋根・階層	価格（円）	備考
土地	○○○３丁目 ５７０－１	宅地・宅地	150.00		52,500,000	
❶❷ 家屋	○○○３丁目 ５７０－１ ❹ (570-1-2)	居宅 ❷	❺ 93.00	平成10年 鉄筋コンクリート造 2階建 ❷ ❷	❻ 3,674,970	
	以下余白					

❶ 「種類」に評価証明書から「区分」を転記します。

❷ 「細目」に評価証明書から「構造」「階層」などを転記します。

❸ 「利用区分、銘柄等」に、貸家でない自宅の家屋であるので自用家屋と記入します。

❹ 「所在場所等」に評価証明書から「所在地」を転記します。

❺ 「数量」に評価証明書の「床面積（㎡）」を小数点第二位まで転記します。

❻ 「固定資産税評価額」に評価証明書の「価格（円）」を記入します。

❼ 「価額」は、自用家屋のため上記❻の金額を転記します。

❽ 「分割が確定した財産」欄に、取得した人の氏名、取得財産の価額を記入します。

5．有価証券

(1)　上場株式の評価明細書を作成する（図表 48 参照）

上場株式を保有しているので、証券会社の発行する相続開始時の特定口座の預け資産残高証明書等を見ながら「上場株式の評価明細書」に記入します。

上場株式の評価額は、次の 4 通りの株価のうち最も低い金額になります。

① 「課税時期の最終価格」

被相続人山田太郎が亡くなった令和３年５月10日時点の株価になり、784円とします。

② 「課税時期の属する月」の最終価格の月平均額

令和３年５月中の最終価格の月平均額になり、785円とします。

③ 「課税時期の属する月の前月」の最終価格の月平均額

令和３年４月中の最終価格の月平均額になり、783円とします。

④ 「課税時期の属する月の前々月」の最終価格の月平均額

令和３年３月中の最終価格の月平均額になり、784円とします。

この場合、「課税時期の属する月の前月」の最終価格の月平均額783円が最も低い金額になり評価額になります。

⑵ 第11表の相続税がかかる財産の明細書に転記する（図表49参照）

証券会社の発行する相続開始時の特定口座の預け資産残高証明書等及び「上場株式の評価明細書」を参照しながら記載していきます。

❶ 「種類」に有価証券と記入します。

❷ 「細目」にその他の株式と記入します。

❸ 「利用区分、銘柄等」に、上場株式の銘柄を記入します。

❹ 「所在場所等」に証券会社名及びその支店名等を記入します

❺ 「数量」に特定口座の預け資産残高証明書等に記載されている株式数を記入します。

❻ 「単価」に「上場株式の評価明細書」で計算しました評価額を転記します。

❼ 「倍数」には、取引所等の名称を記入します。

❽ 「価額」は「数量」×「単価」になりますので、10,000株×783円＝7,830,000円を記入します。

❾ 「分割が確定した財産」欄に、取得した人の氏名、取得財産の価額を記入します。

【図表 48　上場株式の評価明細書】

上 場 株 式 の 評 価 明 細 書

銘柄	取引所等の名称	課税時期の最終価格		最終価格の月平均額			評価額（①の金額又は①から④までのうち最も低い金額）	増資による権利落等の修正計算その他の参考事項
		月日	① 価額	課税時期の属する月 ② 5月	課税時期の属する月の前月 ③ 4月	課税時期の属する月の前々月 ④ 3月		
○○建設㈱	東1	5月10日	円 ① 784	円 ② 785	円 ③ 783	円 ④ 784	円 783	

4通りの株価のうち
最も低い金額が
評価額になります

記載方法等

1　**「取引所等の名称」**欄には、課税時期の最終価格等について採用した金融商品取引所名及び市場名を、例えば、東京証券取引所の市場第1部の最終価格等を採用した場合には、「東1」と記載します。

2　**「課税時期の最終価格」**の**「月日」**欄には、課税時期を記載します。ただし、課税時期に取引がない場合等には、課税時期の最終価格として採用した最終価格についての取引月日を記載します。

3　**「最終価格の月平均額」**の「②」欄、「③」欄及び「④」欄には、それぞれの月の最終価格の月平均額を記載します。ただし、最終価格の月平均額について増資による権利落等の修正計算を必要とする場合には、修正計算後の最終価格の月平均額を記載するとともに、修正計算前の最終価格の月平均額をかっこ書きします。

4　**「評価額」**欄には、負担付贈与又は個人間の対価を伴う取引により取得した場合には、「①」欄の金額を、その他の場合には、「①」欄から「④」欄までのうち最も低い金額を記載します。

5　各欄の金額は、各欄の表示単位未満の端数を切り捨てます。

（資4－30－A4標準）

【図表49　第11表　相続税がかかる財産の明細書】

相続税がかかる財産の明細書

（相続時精算課税適用財産を除きます。）

被相続人　山田　太郎

第11表（令和2年4月分以降用）

○相続時精算課税適用財産の明細については、この表によらず第11の2表に記載します。

この表は、相続や遺贈によって取得した財産及び相続や遺贈によって取得したものとみなされる財産のうち、相続税のかかるものについての明細を記入します。

遺産の分割状況	区分	① 全部分割	2 一部分割	3 全部未分割
	分割の日	3・8・18	・・	

種類	細目	利用区分、銘柄等	所在場所等	数量 / 固定資産税評価額	単価 / 倍数	価額	取得した人の氏名	取得財産の価額
土地	宅地	自用地	埼玉県春日部市○○○3丁目5番16号	150.00㎡ 円	円 11・11の2表の付表1のとおり	円 12,000,000	山田　花子	円 12,000,000
（計）						（12,000,000）		
家屋	家屋（鉄筋コンクリート造2・居宅）	自用家屋	春日部市○○○3丁目570－1	95.00㎡ 3,674,970		3,674,970	山田　花子	3,674,970
（計）						（3,674,970）		
有価証券 ❶	その他の株式 ❷	○○建設㈱ ❸	△△証券春日部支店 ❹	❺ 10,000株	❻ 783 ❼ 1	❽ 7,830,000	❾ 山田　花子	❾ 7,830,000
（計）						（7,830,000）		
《合計》						《23,504,970》		

合計表		（各人の合計）	山田　花子	山田　一郎	山田　次郎		
財産を取得した人の氏名							
分割財産の価額	①	円	円	円	円	円	円
未分割財産の価額	②						
各人の取得財産の価額（①＋②）	③						

（注）1　「合計表」の各人の③欄の金額を第1表のその人の「取得財産の価額①」欄に転記します。
　　2　「財産の明細」の「価額」欄は、財産の細目、種類ごとに小計及び計を付し、最後に合計を付して、それらの金額を第15表の①から㉚までの該当欄に転記します。

第11表（令2.7）　（資4－20－12－1－A4統一）

6．現金預貯金等

相続開始日の価額を第 11 表の現金預貯金等の欄に記載します（図表 50 参照）。

⑴ 現金

相続開始日の残高を記入します。

❶「種類」に現金預貯金等と記入します。

❷「利用区分、銘柄等」に、現金と記入します。

❸「所在場所等」は通常最後の住所になります。

❹「価額」に相続開始日の残高を記入します。

❺「分割が確定した財産」欄に、取得した人の氏名、取得財産の価額を記入します。

⑵ 普通預金

普通預金の残高は高額ではないので、相続開始日の残高を記入します。

❻「種類」に現金預貯金等と記入します。

❼「利用区分、銘柄等」に、普通預金と記入します。

❽「所在場所等」に銀行名及び支店名等を記入します。

❾「価額」に相続開始日の残高を記入します。

❿「分割が確定した財産」欄に、取得した人の氏名、取得財産の価額を記入します。

⑶ 定期預金

定期預金は高額なので利息を付します。

例えば、○○銀行○○支店の定期預金残高 19,791,734 円、前回利息付利日令和 2 年 12 月 1 日、金利率 0.25％の場合、評価額は次のように計算します。

19,791,734 円（相続発生時残高）× 0.25％（利率）× 159 日（預入後経過期間）/365 日＝ 21,554 円（既経過利子額）となります。

【図表50　第11表　相続税がかかる財産の明細書】

相続税がかかる財産の明細書

（相続時精算課税適用財産を除きます。）

被相続人	山田　太郎

第11表（令和2年4月分以降用）

○相続時精算課税適用財産の明細については、この表によらず第11の2表に記載します。

この表は、相続や遺贈によって取得した財産及び相続や遺贈によって取得したものとみなされる財産のうち、相続税のかかるものについての明細を記入します。

遺産の分割状況				
	区分	① 全部分割	2 一部分割	3 全部未分割
	分割の日	3・8・18	・　・	

財産の明細 種類	細目	利用区分、銘柄等	所在場所等	数量 / 固定資産税評価額	単価 / 倍数	価額	分割が確定した財産 取得した人の氏名	取得財産の価額
土地	宅地	自用地	埼玉県春日部市〇〇〇3丁目5番16号	150.00㎡ / 円	11・11の2表の 円 / 付表1のとおり	円 12,000,000	山田　花子	円 12,000,000
（計）						（12,000,000）		
家屋	家屋（鉄筋コンクリート造2・居宅）	自用家屋	春日部市〇〇〇3丁目570－1	93.00㎡ / 3,674,970		3,674,970	山田　花子	3,674,970
（計）						（3,674,970）		
有価証券	その他の株式	〇〇建設㈱	△△証券春日部支店	10,000株	783 / 東1	7,830,000	山田　花子	7,830,000
（計）						（7,830,000）		
現金預貯金等 ❶		現金 ❷	埼玉県春日部市〇〇〇3丁目5番16号 ❸			❹ 450,000	❺ 山田　花子	❺ 450,000
現金預貯金等 ❻		普通預金 ❼	〇〇銀行〇〇支店 ❽			❾ 2,184,100	❿ 山田　花子	❿ 2,184,100
現金預貯金等 ⓫		定期預金 ⓬	〇〇銀行〇〇支店 ⓭			⓮ 19,808,910	⓯ 山田　花子	⓯ 19,808,910
（計）						（22,443,010）		
《合計》						《45,947,980》		

合計表		（各人の合計）	山田　花子	山田　一郎	山田　次郎		
財産を取得した人の氏名							
分割財産の価額	①	円	円	円	円	円	円
未分割財産の価額	②						
各人の取得財産の価額（①＋②）	③						

（注）1　「合計表」の各人の③欄の金額を第1表のその人の「取得財産の価額①」欄に転記します。
2　「財産の明細」の「価額」欄は、財産の細目、種類ごとに小計及び計を付し、最後に合計を付して、それらの金額を第15表の①から㉚までの該当欄に転記します。

第11表（令2.7）　　（資4－20－12－1－A4統一）

また、源泉所得税額は、21,554 円× 20.315％＝ 4,378 円となり、利息の手取り額は、21,554 円－ 4,378 円＝ 17,176 円となります。

したがって、この定期預金の評価額は、次のようになります。

19,791,734 円＋ 17,176 円＝ 19,808,910 円（評価額）

利息を加えた評価額 19,808,910 円を第 11 表の現金預貯金等、定期預金の価額欄に記入します。

⓫ 「種類」に現金預貯金等と記入します。

⓬ 「利用区分、銘柄等」に、定期預金と記入します。

⓭ 「所在場所等」に銀行名及び支店名等を記入します。

⓮ 「価額」に相続開始日の残高に利息の手取り額を加えた評価額を記入します。

⓯ 「分割が確定した財産」欄に、取得した人の氏名、取得財産の価額を記入します。

7．家庭用財産

⑴ 第 11 表の相続税がかかる財産の明細書に記載する（図表 51 参照）

家庭用財産としてテレビや箪笥、机などを家具等一式として、例えば 500,000 円で評価します。

❶ 「種類」に家庭用財産と記入します。

❷ 「細目」にその他と記入します。

❸ 「利用区分、銘柄等」に、家具等一式と記入します。

❹ 「所在場所等」には通常最後の住所を記入します。

❺ 「価額」に上記評価額を記入します。

❻ 「分割が確定した財産」欄に、取得した人の氏名、取得財産の価額を記入します。

8．その他の財産（生命保険金）

(1) 第 11 表の相続税がかかる財産の明細書に転記する（図表 51 参照）

2．生命保険金で作成した、第９表の「生命保険金などの明細書」から第11 表に転記します。

❼ 「種類」にその他の財産と記入します。

❽ 「細目」に生命保険金等と記入します。

❾ 「価額」に第９表で計算した課税金額を記入します。

❿ 「分割が確定した財産」欄に、取得した人の氏名、取得財産の価額を記入します。

9．債務及び葬式費用

債務及び葬式費用は第 13 表の「債務及び葬式費用の明細書」に記入し、申告書第１表の③で控除します。

(1) 債務及び葬式費用の明細書に記載する（図表 52 参照）

① 「1　債務の明細」に記載する

固定資産税は、その賦課期日である１月１日の所有者が納税義務者であるため、１月１日の所有者である被相続人が納税義務者としてその年の全額の納税義務を負います。

❶ 「種類」に公租公課と記入します。

❷ 「細目」に固定資産税と記入します。

❸ 「債権者」は市役所若しくは町村役場になります。

❹ 「発生年月日」は相続発生年の１月１日になります。

❺ 「金額」にその年に納付すべき固定資産税の全額を記入します。

【図表51　第11表　相続税がかかる財産の明細書】

相続税がかかる財産の明細書
（相続時精算課税適用財産を除きます。）

被相続人	山田　太郎

第11表（令和2年4月分以降用）

○相続時精算課税適用財産の明細については、この表によらず第11の2表に記載します。

この表は、相続や遺贈によって取得した財産及び相続や遺贈によって取得したものとみなされる財産のうち、相続税のかかるものについての明細を記入します。

遺産の分割状況				
	区分	①全部分割	2 一部分割	3 全部未分割
	分割の日	3・8・18	・　・	

財産の明細							分割が確定した財産	
種類	細目	利用区分、銘柄等	所在場所等	数量 / 固定資産税評価額	単価 / 倍数	価額	取得した人の氏名	取得財産の価額
土地	宅地	自用地	埼玉県春日部市〇〇〇3丁目5番16号	150.00㎡ / 円	円 11・11の2表の付表1のとおり	円 12,000,000	山田　花子	円 12,000,000
(計)						(12,000,000)		
家屋	家屋 (鉄筋コンクリート造2・居宅)	自用家屋	春日部市〇〇〇3丁目570－1	93.00㎡ / 3,674,970		3,674,970	山田　花子	3,674,970
(計)						(3,674,970)		
有価証券	その他の株式	〇〇建設㈱	△△証券 春日部支店	10,000株	783 / 東1	7,830,000	山田　花子	7,830,000
(計)						(7,830,000)		
現金預貯金等		現金	埼玉県春日部市〇〇〇3丁目5番16号			450,000	山田　花子	450,000
現金預貯金等		普通預金	〇〇銀行 〇〇支店			2,184,100	山田　花子	2,184,100
現金預貯金等		定期預金	〇〇銀行 〇〇支店			19,808,910	山田　花子	19,808,910
(計)						(22,443,010)		
家庭用財産 ❶	その他 ❷	家具等一式 ❸	埼玉県春日部市〇〇〇3丁目5番16号 ❹			❺ 500,000	❻ 山田　花子	❻ 500,000
(計)						(500,000)		
その他の財産 ❼	生命保険金等 ❽					❾ 29,629,483	❿ 山田　花子	❿ 29,629,483
	(小計)					(29,629,483)		
(計)						(29,629,483)		

合計表		(各人の合計)					
財産を取得した人の氏名		(各人の合計)	山田　花子	山田　一郎	山田　次郎		
分割財産の価額	①	円 76,077,463	円 76,077,463	円	円	円	円
未分割財産の価額	②						
各人の取得財産の価額（①＋②）	③	76,077,463	76,077,463				

（注）1　「合計表」の各人の③欄の金額を第1表のその人の「取得財産の価額①」欄に転記します。
2　「財産の明細」の「価額」欄は、財産の細目、種類ごとに小計及び計を付し、最後に合計を付して、それらの金額を第15表の①から㉚までの該当欄に転記します。

第11表（令2.7）　　（資4－20－12－1－A4統一）

【図表 52　第 13 表　債務及び葬式費用の明細書】

債務及び葬式費用の明細書

被相続人	山田　太郎

第13表（令和2年4月分以降用）

1 債務の明細（この表は、被相続人の債務について、その明細と負担する人の氏名及び金額を記入します。）

債務の明細						負担することが確定した債務	
種類	細目	債権者 氏名又は名称	債権者 住所又は所在地	発生年月日 弁済期限	金額	負担する人の氏名	負担する金額
公租公課 ❶	固定資産税 ❷	春日部市役所 ❸		❹ 3・1・1	❺ 円 345,900	②山田　花子	② 円 345,900
				・・			
				・・			
				・・			
				・・			
				・・			
				・・			
合計					345,900		

2 葬式費用の明細（この表は、被相続人の葬式に要した費用について、その明細と負担する人の氏名及び金額を記入します。）

葬式費用の明細				負担することが確定した葬式費用	
❻ 支払先 氏名又は名称	支払先 住所又は所在地	❼ 支払年月日	❽ 金額	負担する人の氏名	負担する金額
○○寺	春日部市○○×丁目×番×号	3・5・14	円 1,500,000	②山田　花子	② 円 1,500,000
○○タクシー	春日部市○○×丁目×番×号	3・5・14	150,600	山田　花子	150,600
○○商店	春日部市○○×丁目×番×号	3・5・14	100,900	山田　花子	100,900
○○酒店	春日部市○○×丁目×番×号	3・5・14	20,300	山田　花子	20,300
○○葬儀社	春日部市○○×丁目×番×号	3・5・14	1,500,000	山田　花子	1,500,000
		・・			
合計			3,271,800		

3 債務及び葬式費用の合計額

債務などを承継した人の氏名			(各人の合計)	山田　花子			
債務	負担することが確定した債務	①	円 345,900	円 345,900	円	円	円
	負担することが確定していない債務	②					
	計（①+②）	③	345,900	345,900			
葬式費用	負担することが確定した葬式費用	④	3,271,800	3,271,800			
	負担することが確定していない葬式費用	⑤					
	計（④+⑤）	⑥	3,271,800	3,271,800			
合計（③+⑥）		⑦	3,617,700	3,617,700			

（注）1　各人の⑦欄の金額を第1表のその人の「債務及び葬式費用の金額③」欄に転記します。
　　2　③、⑥及び⑦欄の金額を第15表の㉝、㉞及び㉟欄にそれぞれ転記します。

第13表（令2.7）　　（資4－20－14－A4統一）

② 「負担することが確定した債務」欄に、負担する人の氏名、負担する金額を記入します。

⑵ 「2　葬式費用の明細」に記載する（図表52参照）

① 被相続人の葬式にかかった費用も遺産額から差し引くことができますので、「債務及び葬式費用の明細書」の葬式費用の明細欄に葬儀費用の領収書等を参照しながら記入していきます。

❻ 「支払先」に氏名又は名称、住所又は所在地を支払先ごとに記入していきます。

❼ 「支払年月日」に実際の支払年月日を記入します。

❽ 「金額」に支払金額を記入します。寺院のお布施などは領収書がもらえないことがありますが、実際の支払金額を計上してください。

② 「負担することが確定した葬式費用」欄に、負担する人の氏名、負担する金額を記入します。

⑶ 「3　債務及び葬式費用の合計額」欄に記載する（図表53参照）

債務及び葬式費用の合計額を計算します。

❾ 「債務などを承継した人の氏名」に各人別に氏名を記入し、合計を記入します。

❿ 「負担することが確定した債務①」に各人別の金額と「計③」を記入し、各人の合計を記入します。

⓫ 「負担することが確定した葬式費用④」に各人別の金額と「計⑥」を記入し、各人の合計を記入します。

⓬ ❿＋⓫を「合計⑦」に各人別の金額と各人の合計を記入します。

10. 第15表「相続財産の種類別価額表」を作成する

相続財産を相続税申告書の第9表、第11表、第13表に記載してきましたが、次は図表51の第11表と図表52の第13表の内容を、図表54の第

【図表53 第13表 債務及び葬式費用の明細書】

債務及び葬式費用の明細書

被相続人	山田 太郎

第13表（令和2年4月分以降用）

1 債務の明細（この表は、被相続人の債務について、その明細と負担する人の氏名及び金額を記入します。）

債務の明細						負担することが確定した債務	
種類	細目	債権者 氏名又は名称	債権者 住所又は所在地	発生年月日 弁済期限	金額	負担する人の氏名	負担する金額
公租公課	固定資産税	春日部市役所		3・1・1 ・・	円 345,900	山田 花子	円 345,900
				・・ ・・			
				・・ ・・			
				・・ ・・			
				・・ ・・			
				・・ ・・			
合計					345,900		

2 葬式費用の明細（この表は、被相続人の葬式に要した費用について、その明細と負担する人の氏名及び金額を記入します。）

葬式費用の明細				負担することが確定した葬式費用	
支払先 氏名又は名称	支払先 住所又は所在地	支払年月日	金額	負担する人の氏名	負担する金額
○○寺	春日部市○○×丁目×番×号	3・5・14	円 1,500,000	山田 花子	円 1,500,000
○○タクシー	春日部市○○×丁目×番×号	3・5・14	150,600	山田 花子	150,600
○○商店	春日部市○○×丁目×番×号	3・5・14	100,900	山田 花子	100,900
○○酒店	春日部市○○×丁目×番×号	3・5・14	20,300	山田 花子	20,300
○○葬儀社	春日部市○○×丁目×番×号	3・5・14	1,500,000	山田 花子	1,500,000
		・・			
合計			3,271,800		

3 債務及び葬式費用の合計額

債務などを承継した人の氏名		(各人の合計)	山田 花子 ❾			
債務 負担することが確定した債務	①	円 345,900	円 345,900	円	円	円
債務 負担することが確定していない債務	②					
債務 計（①+②）	③	345,900	345,900			
葬式費用 負担することが確定した葬式費用	④	3,271,800	3,271,800			
葬式費用 負担することが確定していない葬式費用	⑤					
葬式費用 計（④+⑤）	⑥	3,271,800	3,271,800			
合計（③+⑥）	⑦	3,617,700	3,617,700	⓬		

（①〜③ ❿、④〜⑥ ⓫）

（注）1 各人の⑦欄の金額を第1表のその人の「債務及び葬式費用の金額③」欄に転記します。
2 ③、⑥及び⑦欄の金額を第15表の㉝、㉞及び㉟欄にそれぞれ転記します。

第13表（令2.7）　（資4−20−14−A4統一）

15表の「相続財産の種類別価額表」に転記します。

⑴ 第11表から転記される項目

❶ 土地

第11表の「財産の明細」欄の「細目」宅地、価額12,000,000円を第15表の「土地」の「宅地③」「計⑥」欄に転記します。

❷ 家屋

第11表の「財産の明細」欄の「細目」家屋、価額3,674,970円を第15表の「家屋等⑩」欄に転記します。

❸ 有価証券

第11表の「財産の明細」欄の「細目」その他の株式、価額7,830,000円を第15表の「有価証券」の「⑰及び⑱以外の株式及び出資⑲」「計㉒」欄に転記します。

❹ 現金預貯金等

第11表の「財産の明細」欄の現金及び預金の合計価額22,443,010円を第15表の「現金、預貯金等㉓」欄に転記します。

❺ 家庭用財産

第11表の「財産の明細」欄の「細目」その他、価額500,000円を第15表の「家庭用財産㉔」欄に転記します。

❻ その他の財産

第11表の「財産の明細」欄の「細目」生命保険金等、価額29,629,483円を第15表の「その他の財産」の「生命保険金等㉕」「計㉙」欄に転記します。

❼ 上記❶から❻の合計額を第15表の「合計㉚」欄に記入します。

❽ 第15表の「不動産等の価額㉜」欄に、土地及び家屋の合計額を記入します。

⑵ 第13表から転記される項目

❾ 第13表の「3　債務及び葬式費用の合計額」欄の債務③の金額345,900円を第15表の「債務等」の「債務㉝」欄に記入します。

❿ 第13表の「3　債務及び葬式費用の合計額」欄の葬式費用⑥の金額

【図表54 第15表 相続財産の種類別価額表】

■ 相続財産の種類別価額表 （この表は、第11表から第14表までの記載に基づいて記入します。） ■

FD3539

第15表（令和2年4月分以降用）

○この申告書は機械で読み取りますので、黒ボールペンで記入してください。

※の項目は記入する必要がありません。

（単位は円）

被相続人 山田 太郎

種類	細目	番号	各人の合計	（氏名） 山田 花子
※	整理番号		被相続人	
土地（土地の上に存する権利を含みます。）	田	①		
	畑	②		
	宅地	③	12000000	12000000
	山林	④		
	その他の土地	⑤		
	計	⑥	12000000	12000000
	⑥のうち配偶者居住権に基づく敷地利用権	⑦		
	⑥のうち特例農地等 通常価額	⑧		
	⑥のうち特例農地等 農業投資価格による価額	⑨		
家屋等		⑩	3674970	3674970
	⑩のうち配偶者居住権	⑪		
事業（農業）用財産	機械、器具、農耕具、その他の減価償却資産	⑫		
	商品、製品、半製品、原材料、農産物等	⑬		
	売掛金	⑭		
	その他の財産	⑮		
	計	⑯		
有価証券	特定同族会社の株式及び出資 配当還元方式によったもの	⑰		
	特定同族会社の株式及び出資 その他の方式によったもの	⑱		
	⑰及び⑱以外の株式及び出資	⑲	❸ 7830000	❸ 7830000
	公債及び社債	⑳		
	証券投資信託、貸付信託の受益証券	㉑		
	計	㉒	❸ 7830000	❸ 7830000
現金、預貯金等		㉓	❹ 22443010	❹ 22443010
家庭用財産		㉔	❺ 500000	❺ 500000
その他の財産	生命保険金等	㉕	❻ 29629483	❻ 29629483
	退職手当金等	㉖		
	立木	㉗		
	その他	㉘		
	計	㉙	❻ 29629483	❻ 29629483
合計（⑥＋⑩＋⑯＋㉒＋㉓＋㉔＋㉙）		㉚	❼ 76077463	❼ 76077463
相続時精算課税適用財産の価額		㉛		
不動産等の価額（⑥＋⑩＋⑫＋⑰＋⑱＋㉗）		㉜	❽ 15674970	❽ 15674970
債務等	債務	㉝	❾ 345900	❾ 345900
	葬式費用	㉞	❿ 3271800	❿ 3271800
	合計（㉝＋㉞）	㉟	⓫ 3617700	⓫ 3617700
差引純資産価額（㉚＋㉛－㉟）（赤字のときは0）		㊱	⓬ 72459763	⓬ 72459763
純資産価額に加算される暦年課税分の贈与財産価額		㊲		
課税価格（㊱＋㊲）（1,000円未満切捨て）		㊳	⓭ 72459000	⓭ 72459000

※税務署整理欄 申告区分 年分 名簿番号 申告年月日 グループ番号

第15表（令2.7） （資4－20－16－1－A4統一）

■

3,271,800 円を第 15 表の「債務等」の「葬式費用㉞」欄に記入します。

⓫ 上記❾と❿の合計を第 15 表の「債務等」の「合計㉟」欄に記入します。

⑶ 課税価格

⓬ 第 11 表の合計額から第 13 表の合計額を差し引いた純資産価額の 72,459,763 円を第 15 表の㊱欄に記載します。

⓭ 第 15 表の㊱欄から 1,000 円未満を切り捨てた 72,459,000 円が㊳欄の課税価格になります。

11. 第１表「相続税の申告書」、第２表「相続税の総額の計算書」及び第５表「配偶者の税額軽減額の計算書」を作成する

⑴ 第１表（課税価格の計算欄まで）（図表 55 参照）

❶ 相続開始年月日を記載します。

❷ 被相続人及び相続人の氏名、生年月日、住所、職業、相続人は被相続人との続柄を記入します。

❸ 取得原因欄は「相続」に○を付けます。

❹ 課税価格の計算欄の「取得財産の価額①」は第 11 表の「各人の取得財産の価額③」の合計額を転記します。

❺ 課税価格の計算欄の「債務及び葬式費用の金額③」は第 13 表の「３ 債務及び葬式費用の合計額⑦」を転記します。

❻ 課税価格の計算欄の「純資産価額④」は上記❹から❺を差し引いた金額になります。

❼ 課税価格の計算欄の「課税価格⑥」は上記❻の 1,000 円未満を切り捨てた金額になり、この数字は第 15 表の㊳課税価格と一致します。

⑵ 第２表（図表 56 参照）

第２表は、第１表で算出した課税価格の合計額から相続税の総額を計算する書類になります。

① 課税価格の合計額欄に第１表の各人の合計の「課税価格⑥」を転記します。

② 遺産に係る基礎控除額欄に法定相続人数を記入し、基礎控除額を計算します。事例では、3,000 万円＋ 600 万円× 3 人＝ 4,800 万円になります。

③ 課税遺産総額は、上記①の課税価格の合計額から②の遺産に係る基礎控除額を引いた金額になります。

④ 相続税の総額の計算方法は、実際の遺産分割にかかわらず法定相続分で課税遺産総額をあん分します。この場合の法定相続分は、妻の山田花子が 1／2、子の山田一郎及び山田次郎がそれぞれ 1／4ずつになります。

❶ 妻山田花子の法定相続分に応ずる取得金額及び相続税の総額の基となる税額の計算方法

24,459,000 円（課税遺産総額）× 1／2（法定相続分）＝ 12,229,000 円（1,000 円未満は切捨て）。よって、妻の法定相続分に応ずる取得金額は、12,229,000 円となります。

相続税の速算表を見れば、法定相続分に応ずる取得金額が 30,000 千円以下に該当しますので、税率が 15%、控除額が 500 千円になります。

12,229,000 円（法定相続分に応ずる取得金額）× 15%（税率）－ 500,000 円（控除額）＝ 1,334,350 円（相続税の総額の基となる税額）

❷ 山田一郎及び山田次郎の法定相続分に応ずる取得金額及び相続税の総額の基となる税額の計算

24,459,000 円（課税遺産総額）× 1／4（法定相続分）＝ 6,114,000 円（1,000 円未満は切捨て）。よって、子の法定相続分に応ずる取得金額は、6,114,000 円となります。

相続税の速算表を見れば、法定相続分に応ずる取得金額が 10,000 千円以下に該当しますので、税率が 10%になります。

6,114,000 円（法定相続分に応ずる取得金額）× 10%（税率）＝ 611,400 円（相続税の総額の基となる税額）

❸ 上記❶及び❷で計算した相続税の総額の基となる税額を合算し、相続税の総額を計算します。

山田花子分 1,334,350 円＋山田一郎分 611,400 円＋山田次郎分 611,400 円＝ 2,557,100 円（100 円未満切捨て）が、この場合の相続税の総額となります。

【図表55　第1表　相続税の申告書】

相続税の申告書

FD3561

春日部　税務署長

____年____月____日提出

❶ 相続開始年月日　令和3年　5月　10日

※申告期限延長日　　年　月　日

○フリガナは、必ず記入してください。

項目		各人の合計	財産を取得した人
フリガナ		（被相続人）ﾔﾏﾀﾞ ﾀﾛｳ	ﾔﾏﾀﾞ ﾊﾅｺ
氏名		山田　太郎	山田　花子（参考として記載している場合　参考）
個人番号又は法人番号			↓個人番号の記載に当たっては、左端を空欄としここから記入してください。
❷ 生年月日		昭和10年10月19日（年齢85歳）	昭和15年9月17日（年齢80歳）
住所（電話番号）		埼玉県春日部市○○○3丁目5番16号	〒 埼玉県春日部市○○○3丁目5番16号（　－　－　）
被相続人との続柄　職業		無職	❸ 妻
取得原因		該当する取得原因を○で囲みます。	（相続）・遺贈・相続時精算課税に係る贈与
※整理番号			
課税価格の計算　取得財産の価額（第11表③）	①	❹ 76077463円	❹ 76077463円
相続時精算課税適用財産の価額（第11の2表1⑦）	②		
債務及び葬式費用の金額（第13表3⑦）	③	❺ 3617700	❺ 3617700
純資産価額（①+②-③）（赤字のときは0）	④	❻ 72459763	❻ 72459763
純資産価額に加算される暦年課税分の贈与財産価額（第14表1④）	⑤		
課税価格（④+⑤）（1,000円未満切捨て）	⑥	❼ 72459000　Ⓐ	❼ 72459000
各人の算出税額の計算　法定相続人の数　遺産に係る基礎控除額		3人　48000000円　Ⓑ	左の欄には、第2表の②欄の㋺の人数及び㋩の金額を記入します。
相続税の総額	⑦	2557100	左の欄には、第2表の⑧欄の金額を記入します。
一般の場合（⑩の場合を除く）　あん分割合（各人の⑥/Ⓐ）	⑧	1.00	1.0000
算出税額（⑦×各人の⑧）	⑨	2557100円	2557100円
農地等納税猶予の適用を受ける場合　算出税額（第3表⑬）	⑩		
相続税額の2割加算が行われる場合の加算金額（第4表⑦）	⑪	円	円
各人の納付・還付税額の計算　税額控除　暦年課税分の贈与税額控除額（第4表の2㉙）	⑫		
配偶者の税額軽減額（第5表㋥又は㋭）	⑬	2557100	2557100
未成年者控除額（第6表1②、③又は⑥）	⑭		
障害者控除額（第6表2②、③又は⑥）	⑮		
相次相続控除額（第7表⑬又は⑱）	⑯		
外国税額控除額（第8表1⑧）	⑰		
計	⑱	2557100	2557100
差引税額（⑨+⑪-⑱）又は（⑩+⑪-⑱）（赤字のときは0）	⑲		
相続時精算課税分の贈与税額控除額（第11の2表1⑧）	⑳	00	00
医療法人持分税額控除額（第8の4表2B）	㉑		
小計（⑲-⑳-㉑）（黒字のときは100円未満切捨て）	㉒	0	0
納税猶予税額（第8の8表⑧）	㉓	00	00
申告納税額（㉒-㉓）　申告期限までに納付すべき税額	㉔	00	00
還付される税額	㉕	△	△

※税務署整理欄	申告区分	年分	グループ番号	補完番号	名簿番号	申告年月日	関与区分	書面添付	検算	補完番号	管理補完	確認

作成税理士の事務所所在地・署名・電話番号

☑ 税理士法第30条の書面提出有

□ 税理士法第33条の2の書面提出有

（資4－20－1－1－A4統一）第1表（令3.7）

税務署受付印

○この申告書は機械で読み取りますので、黒ボールペンで記入してください。
また、申告書と添付資料を一緒にとじないでください。

※の項目は記入する必要がありません。

第1表（平成31年1月分以降用）

←この申告書で提出しない人である場合（参考として記載している場合）は（参考）を○で囲んでください（その人の分は申告書とは取り扱いません。）。

（注）㉒欄の金額が赤字となる場合は、㉒欄の左端に△を付してください。なお、この場合で、㉒欄の金額のうちに贈与税の外国税額控除額（第11の2表1⑨）があるときの㉔欄の金額については、「相続税の申告のしかた」を参照してください。

税務署整理欄	通信日付印	年月日	（確認）
		・・	

【図表56　第2表　相続税の総額の計算書】

相続税の総額の計算書

被相続人　山田　太郎

第2表（平成27年分以降用）

○この表を修正申告書の第2表として使用するときは、㋑欄には修正申告書第1表の㋑欄の⑥Ⓐの金額を記入し、㋭欄には修正申告書第3表の1の㋑欄の⑥Ⓐの金額を記入します。

この表は、第1表及び第3表の「相続税の総額」の計算のために使用します。
なお、被相続人から相続、遺贈や相続時精算課税に係る贈与によって財産を取得した人のうちに農業相続人がいない場合は、この表の㋭欄及び㋬欄並びに⑨欄から⑪欄までは記入する必要がありません。

① 課税価格の合計額		② 遺産に係る基礎控除額	③ 課税遺産総額	
㋑（第1表⑥Ⓐ）	① 72,459,000円	② 3,000万円＋（600万円×㋺ 3人）＝㋩ 4,800万円	㋥（㋑－㋩）	③ 24,459,000円
㋭（第3表⑥Ⓐ）	,000	㋺の人数及び㋩の金額を第1表⑧へ転記します。	㋬（㋭－㋩）	,000

④ 法定相続人（（注）1参照）氏名	被相続人との続柄	⑤ 左の法定相続人に応じた法定相続分	第1表の「相続税の総額⑦」の計算 ⑥ 法定相続分に応ずる取得金額（㋥×⑤）（1,000円未満切捨て）	⑦ 相続税の総額の基となる税額（下の「速算表」で計算します。）	第3表の「相続税の総額⑦」の計算 ⑨ 法定相続分に応ずる取得金額（㋬×⑤）（1,000円未満切捨て）	⑩ 相続税の総額の基となる税額（下の「速算表」で計算します。）
❶ 山田　花子	妻	1／2	④ 12,229,000円	1,334,350円	,000円	円
山田　一郎	長男	1／4	6,114,000	611,400	,000	
山田　次郎	二男	1／4	6,114,000	611,400	,000	
			,000		,000	
			,000		,000	
			,000		,000	
			,000		,000	
			,000		,000	
			,000		,000	
法定相続人の数 ❷	Ⓐ 3人	合計 1	⑧ 相続税の総額（⑦の合計額）（100円未満切捨て）	❸ 2,557,100	⑪ 相続税の総額（⑩の合計額）（100円未満切捨て）	00

（注）1　④欄の記入に当たっては、被相続人に養子がある場合や相続の放棄があった場合には、「相続税の申告のしかた」をご覧ください。
2　⑧欄の金額を第1表⑦欄へ転記します。財産を取得した人のうちに農業相続人がいる場合は、⑧欄の金額を第1表⑦欄へ転記するとともに、⑪欄の金額を第3表⑦欄へ転記します。

相続税の速算表

法定相続分に応ずる取得金額	10,000千円以下	30,000千円以下	50,000千円以下	100,000千円以下	200,000千円以下	300,000千円以下	600,000千円以下	600,000千円超
税率	10%	15%	20%	30%	40%	45%	50%	55%
控除額	－千円	500千円	2,000千円	7,000千円	17,000千円	27,000千円	42,000千円	72,000千円

この速算表の使用方法は、次のとおりです。
⑥欄の金額×税率－控除額＝⑦欄の税額　　⑨欄の金額×税率－控除額＝⑩欄の税額
例えば、⑥欄の金額30,000千円に対する税額（⑦欄）は、30,000千円×15%－500千円＝4,000千円です。

○連帯納付義務について
相続税の納税については、各相続人等が相続、遺贈や相続時精算課税に係る贈与により受けた利益の価額を限度として、お互いに連帯して納付しなければならない義務があります。

第2表（平27.7）　　（資4－20－3－A4統一）

⑶　第１表（各人の算出税額の計算）（図表 57 参照）

第１表の「各人の算出税額の計算」に記入します。

❽　第２表の②遺産に係る基礎控除額と法定相続人の人数を第１表の「各人の算出税額の計算」欄に転記します。

❾　第２表の⑧相続税の総額を第１表の「各人の算出税額の計算」「相続税の総額⑦」に記入します。

❿　この場合､妻山田花子がすべての遺産を相続しますので 1.0000 と「あん分割合」に記入します。

⓫　算出税額は､「相続税の総額⑦」2,557,100 ×「あん分割合⑧」1.0000 ＝ 2,557,100 円となります。

⑷　第５表（図表 58 参照）

第５表は配偶者の税額軽減の計算を行う書類になります。

第１表で計算した課税価格の合計額 72,459,000 円から配偶者の法定相続分１/ ２を乗じますと 36,229,500 円になり、この金額が配偶者の法定相続分相当額になります。配偶者の税額軽減は、法定相続分か１億 6,000 万円のいずれか大きいほうまでの財産を、配偶者が取得しても相続税を課さないという制度ですので、事例では１億 6,000 万円が適用されます。

❶　「①分割財産の価額」欄に第 11 表の「分割財産の価額①」の配偶者の分割財産の価額を記入します。

❷　「分割財産の価額から控除する債務及び葬式費用の金額」欄の②と④に第１表の「債務及び葬式費用の金額③」の配偶者分を記入します。

❸　配偶者の税額軽減額を計算する場合の課税価格は、上記❶－❷から 1,000 円未満を切捨てた金額になります。

❹　「⑦相続税の総額」欄に第１表の「相続税の総額⑦」の金額を記入します。

❺　第５表の⑧に１億 6,000 万円と課税価格のいずれか少ないほうの金額である 72,459,000 円を記入します。

❻　「課税価格の合計額⑨」欄に第１表のⒶの金額を記入します。

❼　「⑩配偶者の税額軽減の基となる金額」は、「⑦相続税の総額」×「⑧１億 6,000 万円と課税価格のいずれか少ないほうの金額」÷「⑨課税価格の合計額」

【図表 57　第 1 表　相続税の申告書】

相続税の申告書

FD3561

春日部　税務署長

年　月　日 提出

相続開始年月日　令和3 年　5 月　10 日

※申告期限延長日　年　月　日

○フリガナは、必ず記入してください。

	各人の合計	財産を取得した人
フリガナ	(被相続人)　ﾔﾏﾀﾞ ﾀﾛｳ	ﾔﾏﾀﾞ ﾊﾅｺ
氏名	山田　太郎	山田　花子
個人番号又は法人番号		↓個人番号の記載に当たっては、左端を空欄としここから記入してください。
生年月日	昭和10 年 10 月 19 日（年齢 85 歳）	昭和15 年 9 月 17 日（年齢 80 歳）
住所（電話番号）	埼玉県春日部市○○○３丁目５番１６号	〒 埼玉県春日部市○○○３丁目５番１６号 （　－　－　）
被相続人との続柄・職業	無職	妻
取得原因	該当する取得原因を○で囲みます。	(相続)・遺贈・相続時精算課税に係る贈与
※整理番号		

区分	項目	番号	各人の合計	財産を取得した人
課税価格の計算	取得財産の価額（第11表③）	①	76077463 円	76077463 円
	相続時精算課税適用財産の価額（第11の2表1⑦）	②		
	債務及び葬式費用の金額（第13表3⑦）	③	3617700	3617700
	純資産価額（①+②-③）（赤字のときは0）	④	72459763	72459763
	純資産価額に加算される暦年課税分の贈与財産価額（第14表1④）	⑤		
	課税価格（④+⑤）（1,000円未満切捨て）	⑥	72459000 Ⓐ	72459000
各人の算出税額の計算	法定相続人の数／遺産に係る基礎控除額		❽ 3 人　48000000 円 Ⓑ	左の欄には、第2表の②欄の⑪の人数及び㋥の金額を記入します。
	相続税の総額	⑦	❾ 2557100	左の欄には、第2表の⑧欄の金額を記入します。
	一般の場合（⑩の場合を除く）あん分割合（各人の⑥／Ⓐ）	⑧	1.00	❿ 1.0000
	一般の場合（⑩の場合を除く）算出税額（⑦×各人の⑧）	⑨	⓫ 2557100 円	⓫ 2557100 円
	農地等納税猶予の適用を受ける場合　算出税額（第3表⑬）	⑩		
	相続税額の2割加算が行われる場合の加算金額（第4表⑦）	⑪	円	円
各人の納付・還付税額の計算	税額控除　暦年課税分の贈与税額控除額（第4表の2㉖）	⑫		
	税額控除　配偶者の税額軽減額（第5表㋺又は㋩）	⑬	2557100	2557100
	税額控除　未成年者控除額（第6表1②、③又は⑥）	⑭		
	税額控除　障害者控除額（第6表2②、③又は⑥）	⑮		
	税額控除　相次相続控除額（第7表⑬又は⑱）	⑯		
	税額控除　外国税額控除額（第8表1⑧）	⑰		
	税額控除　計	⑱	2557100	2557100
	差引税額（⑨+⑪-⑱）又は（⑩+⑪-⑱）（赤字のときは0）	⑲		
	相続時精算課税分の贈与税額控除額（第11の2表1⑧）	⑳	00	00
	医療法人持分税額控除額（第8の4表2B）	㉑		
	小計（⑲－⑳－㉑）（黒字のときは100円未満切捨て）	㉒	0	0
	納税猶予税額（第8の8表⑧）	㉓	00	00
	申告納税額（㉒－㉓）　申告期限までに納付すべき税額	㉔	00	00
	申告納税額（㉒－㉓）　還付される税額	㉕	△	△

※税務署整理欄：申告区分　年分　名簿番号　グループ番号　申告年月日　補完番号　関与区分　書面添付　検算　資産補完　確認

作成税理士の事務所所在地・署名・電話番号

☐ 税理士法第30条の書面提出有

☐ 税理士法第33条の2の書面提出有

※税務署整理欄　通信日付印　年月日　（確認）

（資4－20－1－1－A4統一）第1表（令3.7）

○この申告書は機械で読み取りますので、黒ボールペンで記入してください。
また、申告書と添付資料を一緒にとじないでください。

※の項目は記入する必要がありません。

税務署受付印

第1表（平成31年1月分以降用）

←この申告書で提出しない人である場合（参考として記載している場合）は(参考)を○で囲んでください（その人の分は申告書とは取り扱いません。）。

（注）㉒欄の金額が赤字となる場合は、㉒欄の左端に△を付してください。なお、この場合で、㉒欄の金額のうちに贈与税の外国税額控除額（第11の2表1⑨）があるときの㉕欄の金額については、「相続税の申告のしかた」を参照してください。

【図表 58　第 5 表　配偶者の税額軽減額の計算書】

配偶者の税額軽減額の計算書

被相続人	山田　太郎

第5表（平成21年4月分以降用）

私は、相続税法第19条の2第1項の規定による配偶者の税額軽減の適用を受けます。

1 一般の場合（この表は、①被相続人から相続、遺贈や相続時精算課税に係る贈与によって財産を取得した人のうちに農業相続人がいない場合又は②配偶者が農業相続人である場合に記入します。）

課税価格の合計額のうち配偶者の法定相続分相当額 (4)	（第1表のⒶの金額）〔配偶者の法定相続分〕 72,459,000円 × 1/2 ＝ 36,229,500円 上記の金額が16,000万円に満たない場合には、16,000万円	㋑※ 160,000,000 円

配偶者の税額軽減額を計算する場合の課税価格	① 分割財産の価額（第11表の配偶者の①の金額）	分割財産の価額から控除する債務及び葬式費用の金額 ② 債務及び葬式費用の金額（第1表の配偶者の③の金額）	③ 未分割財産の価額（第11表の配偶者の②の金額）	④ （②－③）の金額（③の金額が②の金額より大きいときは0）	⑤ 純資産価額に加算される暦年課税分の贈与財産価額（第1表の配偶者の⑤の金額）	⑥ （①－④＋⑤）の金額（⑤の金額より小さいときは⑤の金額）（1,000円未満切捨て）
	❶ 76,077,463 円	❷ 3,617,700 円	円	3,617,700 円	円	※❸ 72,459,000 円

⑦ 相続税の総額（第1表の⑦の金額）	⑧ ㋑の金額と⑥の金額のうちいずれか少ない方の金額	⑨ 課税価格の合計額（第1表のⒶの金額）	⑩ 配偶者の税額軽減の基となる金額（⑦×⑧÷⑨）
❹ 2,557,100 円	❺ 72,459,000 円	❻ 72,459,000 円	❼ 2,557,100 円

配偶者の税額軽減の限度額	（第1表の配偶者の⑨又は⑩の金額）（第1表の配偶者の⑫の金額）（2,557,100円 － 円）	㋺ 2,557,100 円
配偶者の税額軽減額	（⑩の金額と㋺の金額のうちいずれか少ない方の金額）	㋩ 2,557,100 円 ❽

（注）㋩の金額を第1表の配偶者の「配偶者の税額軽減額⑬」欄に転記します。

2 配偶者以外の人が農業相続人である場合（この表は、被相続人から相続、遺贈や相続時精算課税に係る贈与によって財産を取得した人のうちに農業相続人がいる場合で、かつ、その農業相続人が配偶者以外の場合に記入します。）

課税価格の合計額のうち配偶者の法定相続分相当額	（第3表のⒶの金額）〔配偶者の法定相続分〕 ,000円 × ＝ 円 上記の金額が16,000万円に満たない場合には、16,000万円	㋥※ 円

配偶者の税額軽減額を計算する場合の課税価格	⑪ 分割財産の価額（第11表の配偶者の①の金額）	分割財産の価額から控除する債務及び葬式費用の金額 ⑫ 債務及び葬式費用の金額（第1表の配偶者の③の金額）	⑬ 未分割財産の価額（第11表の配偶者の②の金額）	⑭ （⑫－⑬）の金額（⑬の金額が⑫の金額より大きいときは0）	⑮ 純資産価額に加算される暦年課税分の贈与財産価額（第1表の配偶者の⑤の金額）	⑯ （⑪－⑭＋⑮）の金額（⑮の金額より小さいときは⑮の金額）（1,000円未満切捨て）
	円	円	円	円	円	※ ,000 円

⑰ 相続税の総額（第3表の⑦の金額）	⑱ ㋥の金額と⑯の金額のうちいずれか少ない方の金額	⑲ 課税価格の合計額（第3表のⒶの金額）	⑳ 配偶者の税額軽減の基となる金額（⑰×⑱÷⑲）
00 円	円	,000 円	円

配偶者の税額軽減の限度額	（第1表の配偶者の⑩の金額）（第1表の配偶者の⑫の金額）（ 円 － 円）	㋭ 円
配偶者の税額軽減額	（⑳の金額と㋭の金額のうちいずれか少ない方の金額）	㋬ 円

（注）㋬の金額を第1表の配偶者の「配偶者の税額軽減額⑬」欄に転記します。

※　相続税法第19条の2第5項（隠蔽又は仮装があった場合の配偶者の相続税額の軽減の不適用）の規定の適用があるときには、「課税価格の合計額のうち配偶者の法定相続分相当額」の（第1表のⒶの金額）、⑥、⑦、⑨、「課税価格の合計額のうち配偶者の法定相続分相当額」の（第3表のⒶの金額）、⑯、⑰及び⑲の各欄は、第5表の付表で計算した金額を転記します。

第5表（平30.7）　（資4－20－6－1－A4統一）

になりますので、この場合であれば、「⑦相続税の総額」2,557,100 円×「⑧ 1 億 6,000 万円と課税価格のいずれか少ないほうの金額」72,459,000 円÷「⑨課税価格の合計額」72,459,000 円＝ 2,557,100 円になります。

2,557,100 円を第 5 表の⑩に記入します。

❽ 暦年課税分の贈与税額控除額がありませんので、第 5 表の㋺配偶者の税額軽減の限度額及び㋩配偶者の税額軽減額は、上記❼と同額になります。

⑸ 第 1 表（各人の納付・還付税額の計算）（図表 59 参照）

⓬ 第 5 表により計算した配偶者の税額軽減額を第 1 表の「配偶者の税額軽減額⑬」に記入します。

⓭ 相続財産のすべてを配偶者が相続し、配偶者の税額軽減を適用することで相続人すべての方の相続税がゼロとなります。

【図表 59 第 1 表 相続税の申告書】

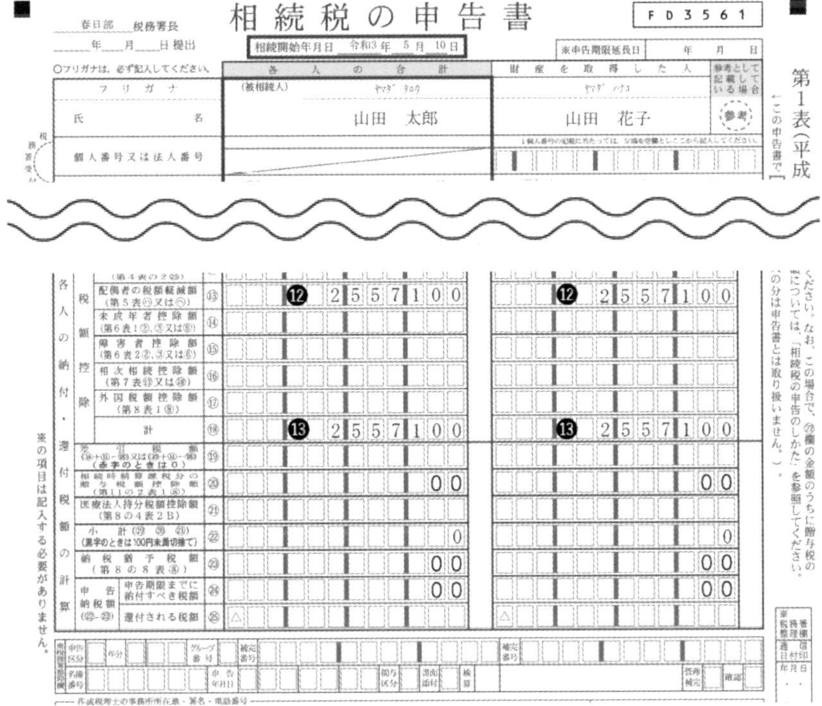

相続税の申告書　FD3561

春日部 税務署長
年 月 日 提出
相続開始年月日 令和3年 5月 10日
※申告期限延長日 年 月 日
○フリガナは、必ず記入してください。

	各人の合計	財産を取得した人
フリガナ	（被相続人）ヤマダ タロウ	ヤマダ ハナコ
氏名	山田 太郎	山田 花子
個人番号又は法人番号		

各人の納付・還付税額の計算		各人の合計	財産を取得した人
配偶者の税額軽減額（第5表㋩又は㋬）	⑬	⓬ 2557100	⓬ 2557100
未成年者控除額（第6表1②、③又は⑥）	⑭		
障害者控除額（第6表2②、③又は⑥）	⑮		
相次相続控除額（第7表⑬又は⑱）	⑯		
外国税額控除額（第8表1⑧）	⑰		
計	⑱	⓭ 2557100	⓭ 2557100
差引税額	⑲		
相続時精算課税分の贈与税額控除額（第11の2表1⑱）	⑳	00	00
医療法人持分税額控除額（第8の4表2B）	㉑		
小計（⑲－⑳－㉑）（黒字のときは100円未満切捨て）	㉒	0	0
納税猶予税額（第8の8表⑧）	㉓	00	00
申告納税額（㉒－㉓） 申告期限までに納付すべき税額	㉔	00	00
申告納税額（㉒－㉓） 還付される税額	㉕	△	△

※の項目は記入する必要がありません。

コラム　生前贈与の注意点

生前贈与は、いくつかの注意点があります。

まず、連年贈与の問題があり、贈与税の暦年課税を選択して毎年基礎控除の範囲内の110万円ずつ10年間贈与した場合に、毎年の贈与税額は基礎控除範囲内であるのでゼロになると思われますが、税務署は贈与を開始した年に10年間にわたり毎年110万円ずつの給付を受ける権利、すなわち有期定期金に関する権利の贈与があったと認定し、贈与を開始した年に1,100万円の贈与をしたと認定し課税される場合があります。この場合には、10年間にわたって毎年110万円ずつ贈与を受けることが、贈与者との間で約束されていることが前提になります。ですから、贈与する年ごとに当事者間で契約を結び、結果として110万円以下ならば贈与税は課税されないと解釈できます。贈与契約書を作成していれば、有期定期金に関する権利の贈与があったとして課税することは難しくなります。しかし、その贈与が毎年同じ日に同じ金額である場合には、贈与される日時や金額は固定しないほうがよいでしょう。

また、生前贈与によって相続人間でトラブルになるケースもあります。特定の相続人だけに贈与をしていたことが遺産分割時の話合いで発覚するケースです。例えば、4人家族で上の子が実家を離れ家を購入する際に、親が住宅資金を上の子に贈与し下の子にそのことを言っていなかった場合などがあります。親の財産の一部を贈与しているわけですから、贈与がない下の子はその贈与分だけもらえる遺産が少なくなります。また、下の子はなぜ上の子だけに贈与しているのか不公平である、上の子は贈与してくれとは言っていないなどと言い争うこともあります。

民法では、親から生前に贈与された財産を「特別受益」と呼び、遺産分割の際に考慮すべきとしています。しかし、上の子にしてみれば住宅資金の贈与を受け取っていますが、現金は残っていないので「手元にない財産に対してどうこういわれても」となり、双方の主張が合わなくなり遺産分割でもめるということになります。

第 12 章

第二次相続で小規模宅地の特例を適用し相続税がかからない相続税申告書の記載例

本章では、第 11 章の事例から 10 年後、山田太郎の妻山田花子が死亡したときの相続、いわゆる第二次相続を見ていきます。

相続開始前３年以内の贈与財産以外の項目は、第 11 章にて詳細に説明していますので、本章においては、第 11 章を参照しながら相続税の申告書の書き方を説明していきます。

１．前提

① 相続税等の法律は現在と変わっていないものとします。

② 土地、有価証券、現金、家庭用財産、葬式費用は第 11 章の第一次相続と同様とします。

③ 預金の金額及び銀行名は 10 年間で変わっています。

④ 家屋の固定資産税評価額が半減、固定資産税の未払分が 10%減少したとします。

⑤ 相続開始前３年以内の贈与財産として、現金を山田一郎、山田次郎ともに 250 万円ずつ渡していたとします。

⑥ 長男山田一郎は、父山田太郎の死亡後、高齢で独り身となった母と同居するために、居住していた東京の不動産を売却し、春日部市の実家で母山田花子と同居しており、今後も居住する予定とします。

(1) 被相続人や相続人に関する明細

① 被相続人が死亡した日

令和 13 年５月 10 日

② 被相続人の住所、氏名、生年月日、職業

住所　埼玉県春日部市○○○３丁目５番 16 号

氏名　山田花子

生年月日　昭和 15 年９月 17 日（90 歳）

職業　無職

③ 法定相続人の明細

被相続人との続柄：住所、氏名、生年月日、職業

長男：埼玉県春日部市○○○３丁目５番16号、山田一郎、昭和40年３月24日（66歳)、無職

二男：千葉県市川市○○○６丁目３番１号、山田次郎、昭和42年２月14日（64歳)、無職

(2) 相続財産等の明細

<山田一郎の取得財産等>

① 土地 居住用宅地	春日部市○○○３丁目570－1 150.00㎡ 評価額 60,000,000円
② 家屋 自用家屋	春日部市○○○ 3丁目570－1 延床面積93.00㎡ 鉄筋コンクリート造 ２階建 評価額 1,837,485円
③ 家庭用財産	家具等一式 500,000円
④ 相続開始前３年以内の贈与財産	現金 2,500,000円
⑤ 未納固定資産税	311.300円（令和13年分）
⑥ 葬式費用	○○寺 1,500,000円 ○○タクシー 150,600円 ○○商店 100,900円 ○○酒店 20,300円 ○○葬儀社 1,500,000円
相続財産計	61,254,385円

<山田次郎の取得財産等>

① 有価証券	○○建設株式会社	10,000株
	評価額	7,830,000円
② 現金		450,000円
③ ××銀行××支店	普通預金	3,676,701円
	定期預金	11,084,132円（利息9,671円含む、片端日入）
④ 相続開始前３年以内の贈与財産	現金	2,500,000円

相続財産計	25,540,833円
遺産総額	86,795,218円

2．土地

⑴　土地及び土地の上に存する権利の評価明細書に記載する（第11章、図表60、図表61参照）

【図表60　固定資産課税台帳記載事項証明書（評価証明書）　埼玉】

固定資産課税台帳記載事項証明書（評価証明書）

0000000001
（ 1/ 1）

年度	所有者住所		所有者氏名		
令和13年	埼玉県春日部市○○○3丁目5番16号		山田　花子		
区分	所在地（）内は家屋番号	登記地目・課税地目 / 家屋の種類 / 備考	地積（㎡）/ 床面積（㎡）	建築年 / 構造・屋根・階層	価格（円）
土地	○○○3丁目 570－1	宅地・宅地	150.00		32,500,000
家屋	○○○3丁目 570－1 （570-1-2）	居宅	93.00	平成10年 木造 スレート葺 2階	1,837,485
	以下余白				

【図表61　土地及び土地の上に存する権利の評価明細書】

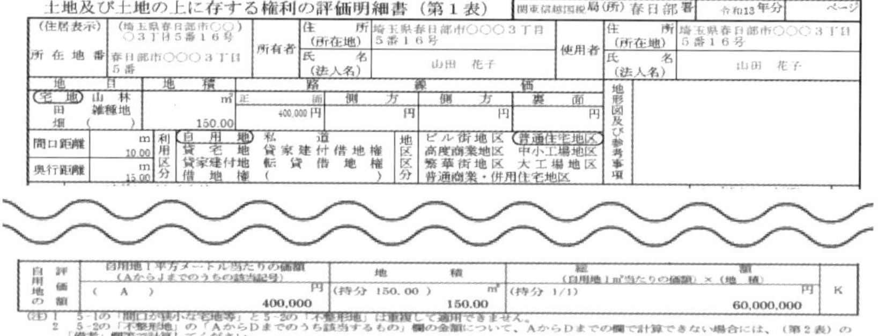

土地及び土地の上に存する権利の評価明細書（第1表）　関東信越国税局（所）春日部署　令和13年分　ページ

（住居表示）	（埼玉県春日部市○○）○3丁目5番16号	所有者	住所（所在地）	埼玉県春日部市○○○3丁目5番16号	使用者	住所（所在地）	埼玉県春日部市○○○3丁目5番16号
所在地番	春日部市○○○3丁目5番		氏名（法人名）	山田　花子		氏名（法人名）	山田　花子

地目	地積	路線価 正面	側方	側方	裏面
（宅地）山林 田 雑種地 畑（　）	150.00㎡	400,000円	円	円	円

間口距離	10.00m	利用区分	（自用地）私道 貸宅地 貸家建付借地権 貸家建付地 転貸借地権 借地権（　）	地区区分	ビル街地区 （普通住宅地区） 高度商業地区 中小工場地区 繁華街地区 大工場地区 普通商業・併用住宅地区
奥行距離	15.00m				

自用地の評価額	自用地1平方メートル当たりの価額（AからJまでのうちの該当記号）	地積	総額（自用地1㎡当たりの価額）×（地積）	
	（A）400,000円	（持分150.00）150.00㎡	（持分1/1）60,000,000円	K

（注）1　5-1の「間口が狭小な宅地等」と5-2の「不整形地」は重複して適用できません。
2　5-2の「不整形地」の「AからDまでのうち該当するもの」欄の金額について、AからDまでの欄で計算できない場合には、（第2表）の「備考」欄等で計算してください。
3　広大地を評価する場合には、（第2表）の「広大地の評価額」欄で計算してください。　（資4－25－1－A4統一）

⑵　小規模宅地等の特例を利用する

被相続人山田花子と山田一郎が居住用として利用していた不動産を今後も

相続人の山田一郎が継続して居住することで小規模宅地の特例を利用することができます。

第11・11の2表の付表1に記入します（第11章、図表62参照)。

【図表62　小規模宅地等についての課税価格の計算明細書】

第11・11の2表の付表1（令和2年4月分以降用）

小規模宅地等についての課税価格の計算明細書

F D 3 5 4 9

被相続人	山田　花子

この表は、小規模宅地等の特例（租税特別措置法第69条の4第1項）の適用を受ける場合に記入します。
なお、被相続人から、相続、遺贈又は相続時精算課税に係る贈与により取得した財産のうちに、「特定計画山林の特例」の対象となり得る財産又は「個人の事業用資産についての相続税の納税猶予及び免除」の対象となり得る宅地等その他一定の財産がある場合には、第11・11の2表の付表2を、「特定事業用資産の特例」の対象となり得る財産がある場合には、第11・11の2表の付表2の2を作成します（第11・11の2表の付表2又は付表2の2を作成する場合には、この表の「1 特例の適用にあたっての同意」欄の記入を要しません。）。
(注) この表の1又は2の各欄に記入しきれない場合には、第11・11の2表の付表1(続)を使用します。

1　特例の適用にあたっての同意
この欄は、小規模宅地等の特例の対象となり得る宅地等を取得した全ての人が次の内容に同意する場合に、その宅地等を取得した全ての人の氏名を記入します。

私(私たち)は、「2 小規模宅地等の明細」の①欄の取得者が、小規模宅地等の特例の適用を受けるものとして選択した宅地等又はその一部(「2 小規模宅地等の明細」の⑤欄で選択した宅地等)の全てが限度面積要件を満たすものであることを確認の上、その取得者が小規模宅地等の特例の適用を受けることに同意します。

氏名	山田　一郎		

(注) 小規模宅地等の特例の対象となり得る宅地等を取得した全ての人の同意がなければ、この特例の適用を受けることはできません。

2　小規模宅地等の明細
この欄は、小規模宅地等の特例の対象となり得る宅地等を取得した人のうち、その特例の適用を受ける人が選択した小規模宅地等の明細等を記載し、相続税の課税価格に算入する価額を計算します。
「小規模宅地等の種類」欄は、選択した小規模宅地等の種類に応じて次の1～4の番号を記入します。
小規模宅地等の種類：1 特定居住用宅地等、2 特定事業用宅地等、3 特定同族会社事業用宅地等、4 貸付事業用宅地等

選択した小規模宅地等	小規模宅地等の種類（1～4の番号を記入します。）	① 特例の適用を受ける取得者の氏名〔事業内容〕 ② 所在地番 ③ 取得者の持分に応ずる宅地等の面積 ④ 取得者の持分に応ずる宅地等の価額	⑤ ③のうち小規模宅地等(「限度面積要件」を満たす宅地等)の面積 ⑥ ④のうち小規模宅地等(④×⑤/③)の価額 ⑦ 課税価格の計算に当たって減額される金額(⑥×⑨) ⑧ 課税価格に算入する価額(④－⑦)
	1	① 山田　一郎〔　〕	⑤ 150.00000000 ㎡
		② 春日部市○○○3丁目5番	⑥ 60000000 円
		③ 150.000000 ㎡	⑦ 48000000 円
		④ 60000000 円	⑧ 12000000 円
		①〔　〕	⑤ ㎡
		②	⑥ 円
		③ ㎡	⑦ 円
		④ 円	⑧ 円
		①〔　〕	⑤ ㎡
		②	⑥ 円
		③ ㎡	⑦ 円
		④ 円	⑧ 円

(注) 1　①欄の「〔　〕」は、選択した小規模宅地等が被相続人等の事業用宅地等（2、3又は4）である場合に、相続開始の直前にその宅地等の上で行われていた被相続人等の事業について、例えば、飲食サービス業、法律事務所、貸家などのように具体的に記入します。
2　小規模宅地等を選択する一の宅地等が共有である場合又は一の宅地等が貸家建付地である場合において、その評価額の計算上「賃貸割合」が1でないときには、第11・11の2表の付表1（別表1）を作成します。
3　小規模宅地等を選択する宅地等が、配偶者居住権に基づく敷地利用権又は配偶者居住権の目的となっている建物の敷地の用に供される宅地等である場合には、第11・11の2表の付表1（別表1の2）を作成します。
4　⑧欄の金額を第11表の「財産の明細」の「価額」欄に転記します。

○「限度面積要件」の判定
上記「2 小規模宅地等の明細」の⑤欄で選択した宅地等の全てが限度面積要件を満たすものであることを、この表の各欄を記入することにより判定します。

小規模宅地等の区分		被相続人等の居住用宅地等	被相続人等の事業用宅地等		
小規模宅地等の種類		1 特定居住用宅地等	2 特定事業用宅地等	3 特定同族会社事業用宅地等	4 貸付事業用宅地等
⑨ 減額割合		80/100	80/100	80/100	50/100
⑩ ⑤の小規模宅地等の面積の合計		150.00000000 ㎡	㎡	㎡	㎡
⑪ 限度面積	イ 小規模宅地等のうちに4貸付事業用宅地等がない場合	（1の⑩の面積）150.00000000 ≦330㎡	（2の⑩及び3の⑩の面積の合計）㎡ ≦ 400㎡		
	ロ 小規模宅地等のうちに4貸付事業用宅地等がある場合	（1の⑩の面積）㎡ × 200/330 ＋	（2の⑩及び3の⑩の面積の合計）㎡ × 200/400 ＋		（4の⑩の面積）㎡ ≦ 200㎡

(注) 限度面積は、小規模宅地等の種類（「4 貸付事業用宅地等」の選択の有無）に応じて、⑪欄（イ又はロ）により判定を行います。「限度面積要件」を満たす場合に限り、この特例の適用を受けることができます。

※税務署整理欄	年分		名簿番号		申告年月日		一連番号		グループ番号		補完	

○この申告書は機械で読み取りますので、黒ボールペンで記入してください。

※の項目は記入する必要がありません。

第11・11の2表の付表1（令2.7）　（資4－20－12－3－1－A4統一）

⑶　第11表の相続税がかかる財産の明細書に転記する（図表63参照）

❶　「遺産の分割状況」欄に遺産分割協議が調った日を記入します。

❷　第11・11の2表の付表1で計算した内容を第11表に転記します。

【図表63　第11表　相続税がかかる財産の明細書】

相続税がかかる財産の明細書
（相続時精算課税適用財産を除きます。）

被相続人　山田　花子

第11表（令和2年4月分以降用）

○相続時精算課税適用財産の明細に

この表は、相続や遺贈によって取得した財産及び相続や遺贈によって取得したものとみなされる財産のうち、相続税のかかるものについての明細を記入します。

遺産の分割状況				
区　分	①全部分割	2　一部分割	3　全部未分割
分割の日	13・8・18	・　・	

	財産の明細							分割が確定した財産	
	種類	細目	利用区分、銘柄等	所在場所等	数量 固定資産税評価額	単価 倍数	価額	取得した人の氏名	取得財産の価額
	土地	宅地	自用地	春日部市○○○3丁目5番	150.00㎡ 円	11・11の2表の付表1のとおり 円	円 12,000,000	山田　一郎	円 12,000,000
	（計）						（12,000,000）		
❸	家屋	家屋 （鉄筋コンクリート造2・居宅）	自用家屋	春日部市○○○3丁目5番	93.00㎡ 1,837,485		1,837,485	山田　一郎	1,837,485
	（計）						（1,837,485）		
❹	有価証券	その他の株式	○○建設株	△△証券 春日部支店	10,000株	783 乗1	7,830,000	山田　次郎	7,830,000
	（計）						（7,830,000）		
❺	現金預貯金等		現金	埼玉県春日部市○○○3丁目5番16号			450,000	山田　次郎	450,000
❻	現金預貯金等		普通預金	××銀行 ××支店			3,676,701	山田　次郎	3,676,701
❼	現金預貯金等		定期預金	××銀行 ××支店			11,084,132	山田　次郎	11,084,132
	（計）						（15,210,833）		
❽	家庭用財産	その他	家具等一式	埼玉県春日部市○○○3丁目5番16号			500,000	山田　一郎	500,000
	（計）						（500,000）		
	《合計》						《37,378,318》		

合計表		(各人の合計)	山田　一郎	山田　次郎			
財産を取得した人の氏名		(各人の合計)	山田　一郎	山田　次郎			
分割財産の価額	①	円 37,378,318	円 14,337,485	円 23,040,833	円	円	円
未分割財産の価額	②						
各人の取得財産の価額（①＋②）	③	37,378,318	14,337,485	23,040,833			

（注）1　「合計表」の各人の③欄の金額を第1表のその人の「取得財産の価額①」欄に転記します。
2　「財産の明細」の「価額」欄は、財産の細目、種類ごとに小計及び計を付し、最後に合計を付して、それらの金額を第15表の①から㉙までの該当欄に転記します。

第11表（令2.7）　（資4－20－12－1－A4統一）

3．家屋

⑴ 第 11 表の相続税がかかる財産の明細書に記載する（図表 64 参照）

❸ 居住用家屋については基本的に、固定資産税評価額がそのまま相続税の評価額になりますので、固定資産の評価証明書を参照し、「細目」「利用区分」等を記載します。

4．有価証券

⑴ 上場株式の評価明細書に記載する（第 11 章参照）

❹ 第 11 表の相続税がかかる財産の明細書に転記します（図表 64 参照）。

5．現金預貯金等

相続開始日の価額を第 11 表の相続税がかかる財産の明細書の現金預貯金等の欄に記載します（図表 64 参照）。

⑴ 現金

❺ 相続開始日の残高を記入します。所在場所等は通常最後の住所になります。

⑵ 普通預金

❻ 普通預金残高はそれほど高額ではないので、相続開始日の残高を記入します。

⑶　**定期預金**

❼　定期預金は高額なので利息を付します。

この場合、××銀行××支店定期預金残高 11,074,461 円、前回利息付利日令和 12 年 12 月 1 日、金利率 0.25％の場合、評価額は次のように計算します。

11,074,461 円（相続発生時残高）× 0.25％（利率）× 160 日（預入後経過期間）/365 日＝ 12,136 円（既経過利子額）となります。

また、源泉所得税額は、12,136 円× 20.315％＝ 2,465 円となり、利息の手取額は、12,136 円－ 2,465 円＝ 9,671 円となります。

したがって、この定期預金の評価額は、次のようになります。

11,074,461 円＋ 9,671 円＝ 11,084,132（評価額）

利息を加えた評価額 11,084,132 円を第 11 表の現金預貯金等、定期預金の価額欄に記入します。

6．家庭用財産

⑴　**家具等一式**

❽　家庭用財産としてテレビや箪笥、机などを家具等一式として、例えば 500,000 円で評価し、第 11 表に記載します（図表 64 参照）。

7．債務及び葬式費用

債務及び葬式費用は、第 13 表の「債務及び葬式費用の明細書」に記入していき、第 1 表の③で控除します（第 11 章、図表 65 参照）。

【図表 64　第 11 表　相続税がかかる財産の明細書】

相続税がかかる財産の明細書
（相続時精算課税適用財産を除きます。）

第11表（令和2年4月分以降用）

○相続時精算課税適用財産の明細に（　）は、この表（　）らず第11（　）に（　）ど（　）

被相続人	山田　花子

この表は、相続や遺贈によって取得した財産及び相続や遺贈によって取得したものとみなされる財産のうち、相続税のかかるものについての明細を記入します。

遺産の分割状況	区分	①全部分割	2 一部分割	3 全部未分割
	分割の日	13・8・18	・　・	

財産の明細							分割が確定した財産	
種類	細目	利用区分、銘柄等	所在場所等	数量 固定資産税評価額	単価 倍数	価額	取得した人の氏名	取得財産の価額
土地	宅地	自用地	春日部市○○○3丁目5番	150.00㎡ 円	11・11の2表の付表1のとおり 円	円 12,000,000	山田　一郎	円 12,000,000
（計）						(12,000,000)		
❸ 家屋	家屋（鉄筋コンクリート造2・居宅）	自用家屋	春日部市○○○3丁目5番	93.00㎡ 1,837,485		1,837,485	山田　一郎	1,837,485
（計）						(1,837,485)		
❹ 有価証券	その他の株式	○○建設㈱	△△証券春日部支店	10,000株	783 東1	7,830,000	山田　次郎	7,830,000
（計）						(7,830,000)		
❺ 現金預貯金等		現金	埼玉県春日部市○○○3丁目5番16号			450,000	山田　次郎	450,000
❻ 現金預貯金等		普通預金	××銀行××支店			3,676,701	山田　次郎	3,676,701
❼ 現金預貯金等		定期預金	××銀行××支店			11,084,132	山田　次郎	11,084,132
（計）						(15,210,833)		
❽ 家庭用財産	その他	家具等一式	埼玉県春日部市○○○3丁目5番16号			500,000	山田　一郎	500,000
（計）						(500,000)		
《合計》						《37,378,318》		

合計表		（各人の合計）					
財産を取得した人の氏名		（各人の合計）	山田　一郎	山田　次郎			
分割財産の価額	①	円 37,378,318	円 14,337,485	円 23,040,833	円	円	円
未分割財産の価額	②						
各人の取得財産の価額（①＋②）	③	37,378,318	14,337,485	23,040,833			

（注）1　「合計表」の各人の③欄の金額を第1表のその人の「取得財産の価額①」欄に転記します。
2　「財産の明細」の「価額」欄は、財産の細目、種類ごとに小計及び計を付し、最後に合計を付して、それらの金額を第15表の①から㉚までの該当欄に転記します。

第11表（令2.7）　　（資4－20－12－1－A4統一）

【図表65　第13表　債務及び葬式費用の明細書】

債務及び葬式費用の明細書

被相続人	山田　花子

第13表（令和2年4月分以降用）

1 債務の明細（この表は、被相続人の債務について、その明細と負担する人の氏名及び金額を記入します。）

債務の明細						負担することが確定した債務	
種類	細目	債権者 氏名又は名称	債権者 住所又は所在地	発生年月日 弁済期限	金額	負担する人の氏名	負担する金額
公租公課	固定資産税	春日部市役所		13・1・1 ・・	円 311,300	山田　一郎	円 311,300
				・・ ・・			
				・・ ・・			
				・・ ・・			
				・・ ・・			
				・・ ・・			
合計					311,300		

2 葬式費用の明細（この表は、被相続人の葬式に要した費用について、その明細と負担する人の氏名及び金額を記入します。）

葬式費用の明細				負担することが確定した葬式費用	
支払先 氏名又は名称	支払先 住所又は所在地	支払年月日	金額	負担する人の氏名	負担する金額
○○寺	春日部市○○×丁目×番×号	13・5・14	円 1,500,000	山田　一郎	円 1,500,000
○○タクシー	春日部市○○×丁目×番×号	13・5・14	150,600	山田　一郎	150,600
○○商店	春日部市○○×丁目×番×号	13・5・14	100,900	山田　一郎	100,900
○○酒店	春日部市○○×丁目×番×号	13・5・14	20,300	山田　一郎	20,300
○○葬儀社	春日部市○○×丁目×番×号	13・5・14	1,500,000	山田　一郎	1,500,000
		・・			
合計			3,271,800		

3 債務及び葬式費用の合計額

債務などを承継した人の氏名			(各人の合計)	山田　一郎			
債務	負担することが確定した債務	①	円 311,300	円 311,300	円	円	円
	負担することが確定していない債務	②					
	計（①＋②）	③	311,300	311,300			
葬式費用	負担することが確定した葬式費用	④	3,271,800	3,271,800			
	負担することが確定していない葬式費用	⑤					
	計（④＋⑤）	⑥	3,271,800	3,271,800			
合計（③＋⑥）		⑦	3,583,100	3,583,100			

（注）1　各人の⑦欄の金額を第1表のその人の「債務及び葬式費用の金額③」欄に転記します。
　　2　③、⑥及び⑦欄の金額を第15表の㉝、㉞及び㉟欄にそれぞれ転記します。

第13表（令2.7）　　（資4－20－14－A4統一）

8．相続開始前３年以内の贈与財産の加算

相続により財産を取得する人が、相続開始前３年以内に被相続人からの贈与による取得財産があるときは、その財産も相続税の課税財産に含めます。

⑴ 第14表の「純資産価額に加算される暦年課税分の贈与財産価額及び特定贈与財産価額・出資持分の定めのない法人などに遺贈した財産・特定の公益法人などに寄附した相続財産・特定公益信託のために支出した相続財産」に記入する（図表66、67参照）

❶ 「贈与を受けた人の氏名」欄に贈与を受けた人の氏名を記入します。

❷ 「贈与年月日」に贈与を受けた年月日を記入します。

❸ 「相続開始前３年以内に暦年課税に係る贈与を受けた財産の明細」「種類」に現金と記入し、その金額を「①価額」に記入します。

❹ 事例では、特定贈与財産がないので、「③相続税の課税価格に加算される価額」に上記❸の価額を記入します。

❺ 「贈与を受けた人ごとの③欄の合計額」に「各人の合計」及び贈与を受けた人ごとの合計を記入していきます。

【図表66 第14表 贈与財産価額及び特定贈与財産価額の明細書】

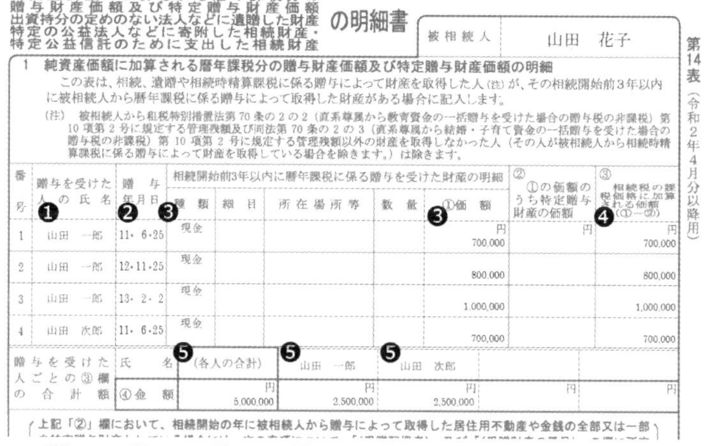

純資産価額に加算される暦年課税分の贈与財産価額及び特定贈与財産価額
出資持分の定めのない法人などに遺贈した財産
特定の公益法人などに寄附した相続財産・
特定公益信託のために支出した相続財産
の明細書

被相続人　山田　花子

第14表（令和2年4月分以降用）

1　純資産価額に加算される暦年課税分の贈与財産価額及び特定贈与財産価額の明細

この表は、相続、遺贈や相続時精算課税に係る贈与によって財産を取得した人(注)が、その相続開始前3年以内に被相続人から暦年課税に係る贈与によって取得した財産がある場合に記入します。

(注)　被相続人から租税特別措置法第70条の2の2（直系尊属から教育資金の一括贈与を受けた場合の贈与税の非課税）第10項第2号に規定する管理残額及び同法第70条の2の3（直系尊属から結婚・子育て資金の一括贈与を受けた場合の贈与税の非課税）第10項第2号に規定する管理残額以外の財産を取得しなかった人（その人が被相続人から相続時精算課税に係る贈与によって財産を取得している場合を除きます。）は除きます。

番号	贈与を受けた人の氏名 ❶	贈与年月日 ❷	相続開始前3年以内に暦年課税に係る贈与を受けた財産の明細 種類 ❸	細目	所在場所等	数量	①価額 ❸	② ①の価額のうち特定贈与財産の価額	③ 相続税の課税価格に加算される価額（①－②） ❹
1	山田　一郎	11・6・25	現金				円 700,000	円	円 700,000
2	山田　一郎	12・11・25	現金				800,000		800,000
3	山田　一郎	13・2・2	現金				1,000,000		1,000,000
4	山田　次郎	11・6・25	現金				700,000		700,000

贈与を受けた人ごとの③欄の合計額						
氏名	❺（各人の合計）	❺ 山田　一郎	❺ 山田　次郎		
④金額	円 5,000,000	円 2,500,000	円 2,500,000	円	円

（上記「②」欄において、相続開始の年に被相続人から贈与によって取得した居住用不動産や金銭の全部又は一部

【図表 67　第 14 表　贈与財産価額及び特定贈与財産価額の明細書】

純資産価額に加算される暦年課税分の贈与財産価額及び特定贈与財産価額
出資持分の定めのない法人などに遺贈した財産
特定の公益法人などに寄附した相続財産・特定公益信託のために支出した相続財産
の明細書

被相続人	山田　花子

第14表（令和2年4月分以降用）

1　純資産価額に加算される暦年課税分の贈与財産価額及び特定贈与財産価額の明細

この表は、相続、遺贈や相続時精算課税に係る贈与によって財産を取得した人(注)が、その相続開始前3年以内に被相続人から暦年課税に係る贈与によって取得した財産がある場合に記入します。

(注)　被相続人から租税特別措置法第 70 条の 2 の 2（直系尊属から教育資金の一括贈与を受けた場合の贈与税の非課税）第 10 項第 2 号に規定する管理残額及び同法第 70 条の 2 の 3（直系尊属から結婚・子育て資金の一括贈与を受けた場合の贈与税の非課税）第 10 項第 2 号に規定する管理残額以外の財産を取得しなかった人（その人が被相続人から相続時精算課税に係る贈与によって財産を取得している場合を除きます。）は除きます。

番号	贈与を受けた人の氏名 ❶	贈与年月日 ❷	相続開始前3年以内に暦年課税に係る贈与を受けた財産の明細 種類 ❸	細目	所在場所等	数量	①価額 ❸	② ①の価額のうち特定贈与財産の価額	③ 相続税の課税価格に加算される価額（①－②） ❹
1	山田　次郎	12・11・25	現金				円 800,000	円	円 800,000
2	山田　次郎	13・2・2	現金				1,000,000		1,000,000
		・・							
		・・							

贈与を受けた人ごとの③欄の合計額	氏名	(各人の合計) ❺	山田　次郎 ❺			
	④金額	円 1,800,000	円 1,800,000	円	円	円

9．第 15 表「相続財産の種類別価額表」を作成する

第 11 表、第 13 表、第 14 表の内容を第 15 表の「相続財産の種類別価額表」に転記します（図表 68,69 参照）。

(1)　第 11 表から転記される項目

❶　土地

この事例では、土地は山田一郎が相続しますので、「氏名」欄に氏名を記入し、第 11 表の「財産の明細」欄の「細目」宅地、価額 12,000,000 円を第 15 表の「土地」「宅地③」の「各人の合計」及び土地を取得する山田一郎の欄に転記し、「土地」「計⑥」欄に同額を記入します。

❷　家屋

家屋も山田一郎が相続しますので、第 11 表の「財産の明細」欄の「細目」家屋、価額 1,837,485 円を第 15 表の「家屋等⑩」の「各人の合計」及び家屋を取得する山田一郎の欄に転記します。

❸　有価証券

有価証券は山田次郎が相続しますので、第 11 表の「財産の明細」欄の「細目」その他の株式、価額 7,830,000 円を、第 15 表の「有価証券」「⑰及び⑱以外の株式及び出資⑲」の「各人の合計」及び有価証券を取得する山田次郎の欄に転記し、「有価証券」「計㉒」欄に同額を記入します。

❹　現金預貯金等

現金預貯金等は山田次郎が相続しますので、第 11 表の「財産の明細」の現金及び預金の合計価額 15,210,833 円を、第 15 表の「現金、預貯金等㉓」の「各人の合計」及び現金預貯金等を取得する山田次郎の欄に転記します。

❺　家庭用財産

家庭用財産は、家屋を相続する山田一郎が相続しますので、第 11 表の「財産の明細」欄の「細目」その他、価額 500,000 円を第 15 表の「家庭用財産㉔」の「各人の合計」及び家庭用財産を取得する山田一郎の欄に転記します。

❻　上記❶から❺の合計額を、「合計㉚」の「各人の合計」及び各相続人ごとの欄に記入します。

❼　「不動産等の価額㉜」に土地及び家屋の合計額を、「各人の合計」及び不動産を取得する山田一郎の欄に記入します。

⑵　第 13 表から転記される項目

❽　債務を負担するのは山田一郎になりますので、第 13 表の「3　債務及び葬式費用の合計額」欄の債務③の金額 311,300 円を、第 15 表の「債務等」「債務㉝」欄の「各人の合計」及び債務を負担する山田一郎の欄に転記します。

❾　葬式費用を負担するのも山田一郎になりますので、第 13 表「3　債務及び葬式費用の合計額」欄の葬式費用⑥の合計 3,271,800 円を、第 15 表の「債務等」「葬式費用㉞」欄の「各人の合計」及び葬式費用を負担する山田一郎の欄に転記します。

❿　上記❽と❾の合計を「各人の合計」及び債務等を負担する山田一郎の欄に第 15 表の「合計㉟」欄に記入します。

【図表68　第15表　相続財産の種類別価額表】

相続財産の種類別価額表（この表は、第11表から第14表までの記載に基づいて記入します。）

F D 3 5 3 9

第15表（令和2年4月分以降用）

（単位は円）

○この申告書は機械で読み取りますので、黒ボールペンで記入してください。

種類	細目	番号	被相続人　山田　花子 各人の合計	（氏名）山田　一郎
※	整理番号		被相続人	
土地（土地の上に存する権利を含みます。）	田	①		
	畑	②		
	宅地	③	❶ 12000000	❶ 12000000
	山林	④		
	その他の土地	⑤		
	計	⑥	❶ 12000000	❶ 12000000
	③のうち配偶者居住権に基づく敷地利用権	⑦		
	⑥のうち特例農地等　通常価額	⑧		
	⑥のうち特例農地等　農業投資価格による価額	⑨		
家屋等		⑩	❷ 1837485	❷ 1837485
	⑩のうち配偶者居住権	⑪		
事業（農業）用財産	機械、器具、農耕具、その他の減価償却資産	⑫		
	商品、製品、半製品、原材料、農産物等	⑬		
	売掛金	⑭		
	その他の財産	⑮		
	計	⑯		
有価証券	特定同族会社の株式及び出資　配当還元方式によったもの	⑰		
	特定同族会社の株式及び出資　その他の方式によったもの	⑱		
	⑰及び⑱以外の株式及び出資	⑲	❸ 7830000	
	公債及び社債	⑳		
	証券投資信託、貸付信託の受益証券	㉑		
	計	㉒	❸ 7830000	
現金、預貯金等		㉓	❹ 15210833	
家庭用財産		㉔	❺ 500000	❺ 500000
その他の財産	生命保険金等	㉕		
	退職手当金等	㉖		
	立木	㉗		
	その他	㉘		
	計	㉙		
合計（⑥＋⑩＋⑯＋㉒＋㉓＋㉔＋㉙）		㉚	❻ 37378318	❻ 14337485
相続時精算課税適用財産の価額		㉛		
不動産等の価額（⑥＋⑩＋⑫＋⑰＋⑱＋㉗）		㉜	❼ 13837485	❼ 13837485
債務等	債務	㉝	❽ 311300	❽ 311300
	葬式費用	㉞	❾ 3271800	❾ 3271800
	合計（㉝＋㉞）	㉟	❿ 3583100	❿ 3583100
差引純資産価額（㉚＋㉛－㉟）（赤字のときは0）		㊱	⓫ 33795218	⓫ 10754385
純資産価額に加算される暦年課税分の贈与財産価額		㊲	⓬ 5000000	⓬ 2500000
課税価格（㊱＋㊲）（1,000円未満切捨て）		㊳	⓭ 38794000	⓭ 13254000

※の項目は記入する必要がありません。

※税務署整理欄	申告区分		年分		名簿番号		申告年月日		グループ番号	

第15表（令2．7）　　（資4－20－16－1－A4統一）

【図表69　第15表　相続財産の種類別価額表（続）】

相続財産の種類別価額表（続）（この表は、第11表から第14表までの記載に基づいて記入します。）

FD3540

第15表(続)（令和2年4月分以降用）

○この申告書は機械で読み取りますので、黒ボールペンで記入してください。

（単位は円）

被相続人　山田　花子

種類	細目	番号	（氏名）山田　次郎	（氏名）
※	整理番号			
土地（土地の上に存する権利を含みます。）	田	①		
	畑	②		
	宅地	③		
	山林	④		
	その他の土地	⑤		
	計	⑥		
	⑥のうち配偶者居住権に基づく敷地利用権	⑦		
	⑥のうち特例農地等　通常価額	⑧		
	⑥のうち特例農地等　農業投資価格による価額	⑨		
家屋等		⑩		
	⑩のうち配偶者居住権	⑪		
事業（農業）用財産	機械、器具、農耕具、その他の減価償却資産	⑫		
	商品、製品、半製品、原材料、農産物等	⑬		
	売掛金	⑭		
	その他の財産	⑮		
	計	⑯		
有価証券	特定同族会社の株式及び出資　配当還元方式によったもの	⑰		
	特定同族会社の株式及び出資　その他の方式によったもの	⑱		
	⑰及び⑱以外の株式及び出資	⑲	❸ 7830000	
	公債及び社債	⑳		
	証券投資信託、貸付信託の受益証券	㉑		
	計	㉒	❸ 7830000	
現金、預貯金等		㉓	❹ 15210833	
家庭用財産		㉔		
その他の財産	生命保険金等	㉕		
	退職手当金等	㉖		
	立木	㉗		
	その他	㉘		
	計	㉙		
合計（⑥＋⑩＋⑯＋㉒＋㉓＋㉔＋㉙）		㉚	❻ 23040833	
相続時精算課税適用財産の価額		㉛		
不動産等の価額（⑥＋⑩＋⑫＋⑰＋⑱＋㉗）		㉜		
債務等	債務	㉝		
	葬式費用	㉞		
	合計（㉝＋㉞）	㉟		
差引純資産価額（㉚＋㉛－㉟）（赤字のときは0）		㊱	⓫ 23040833	
純資産価額に加算される暦年課税分の贈与財産価額		㊲	⓬ 2500000	
課税価格（㊱＋㊲）（1,000円未満切捨て）		㊳	⓭ 25540000	000

※の項目は記入する必要がありません。

※税務署整理欄	申告区分		年分		名簿番号		申告年月日		グループ番号	

第15表続）（令2．7）　　（資4－20－16－2－A4統一）

⑶ 課税価格

⓫ 第 11 表の合計額から第 13 表の合計額を差し引いた純資産価額を「各人の合計」及び各相続人ごとに第 15 表の㊱欄に記入します。

⓬ 第 14 表で算出した相続開始前３年以内に被相続人から贈与によって取得した財産の④「贈与を受けた人ごとの③欄の合計額」を、第 15 表の「純資産価額に加算される暦年課税分の贈与財産価額㊲」の「各人の合計」及び各相続人ごとの欄に転記します。

⓭ 「各人の合計」及び各相続人の欄ごとに、第 15 表の「差引純資産価額㊱」＋「純資産価額に加算される暦年課税分の贈与財産価額㊲」を計算し、1,000 円未満を切捨てた金額がそれぞれの「課税価格㊳」になります。

10. 第1表「相続税の申告書」及び第2表「相続税の総額の計算書」を作成する

⑴ 第１表（課税価格の計算欄まで）（図表 70、71 参照）

❶ 相続開始年月日を記載します。

❷ 被相続人及び相続人それぞれの氏名、生年月日、住所、職業、相続人は被相続人との続柄を記入します。

❸ 取得原因欄は「相続」に○を付けます。

❹ 課税価格の計算欄の「取得財産の価額①」は第 11 表の「各人の取得財産の価額③」の合計額を転記します。

❺ 課税価格の計算欄の「債務及び葬式費用の金額③」は第 13 表の「債務及び葬式費用の合計額⑦」を「各人の合計」及び山田一郎の欄に転記します。

❻ 課税価格の計算欄の「純資産価額④」はそれぞれ上記❹から❺を差し引いた金額になります。

❼ 課税価格の計算欄の「純資産価額に加算される暦年課税分の贈与財産価額⑤」は第 14 表の「贈与を受けた人ごとの③欄の合計額」の「④金額」をそれぞれ転記します。

❽ 課税価格の計算欄の「課税価格⑥」はそれぞれ上記❻「純資産価額④」＋

【図表 70　第 1 表　相続税の申告書】

相続税の申告書　FD3561

春日部　税務署長
年　月　日提出

❶ 相続開始年月日　令和13年　5月　10日

※申告期限延長日　年　月　日

○フリガナは、必ず記入してください。

項目	各人の合計	財産を取得した人	参考として記載している場合
フリガナ	(被相続人) ﾔﾏﾀﾞ ﾊﾅｺ	ﾔﾏﾀﾞ ｲﾁﾛｳ	
氏名	山田　花子	山田　一郎	参考
個人番号又は法人番号		↓個人番号の記載に当たっては、左端を空欄としここから記入してください。	
生年月日 ❷	昭和15年　9月　17日（年齢 90 歳）	昭和40年　3月　24日（年齢 66 歳）	
住所（電話番号）	埼玉県春日部市○○○3丁目5番16号	〒 埼玉県春日部市○○○3丁目5番16号 (　-　-　)	
被相続人との続柄／職業	無職	長男／無職	
取得原因	該当する取得原因を○で囲みます。	❸ 相続・遺贈・相続時精算課税に係る贈与	
※整理番号			
課税価格の計算　① 取得財産の価額（第11表③）	❹ 37378318 円	❹ 14337485 円	
② 相続時精算課税適用財産の価額（第11の2表1⑦）			
③ 債務及び葬式費用の金額（第13表3⑦）	❺ 3583100	❺ 3583100	
④ 純資産価額（①+②-③）（赤字のときは0）	❻ 33795218	❻ 10754385	
⑤ 純資産価額に加算される暦年課税分の贈与財産価額（第14表1④）	❼ 5000000	❼ 2500000	
⑥ 課税価格（④+⑤）（1,000円未満切捨て）	❽ 38794000 Ⓐ	❽ 13254000	

○この申告書は機械で読み取りますので、黒ボールペンで記入してください。また、申告書と添付資料を一緒にとじないでください。

第1表（平成31年1月分以降用）

←この申告書で提出しない人である場合（参考として記載している場合）は

【図表 71　第 1 表　相続税の申告書（続）】

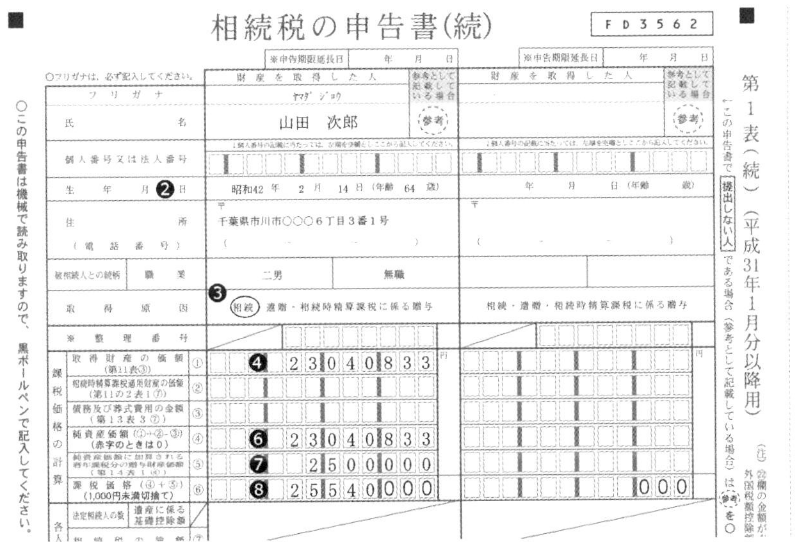

相続税の申告書(続)　FD3562

※申告期限延長日　年　月　日　　※申告期限延長日　年　月　日

○フリガナは、必ず記入してください。

項目	財産を取得した人	参考として記載している場合	財産を取得した人	参考として記載している場合
フリガナ	ﾔﾏﾀﾞ ｼﾞﾛｳ			
氏名	山田　次郎	参考		参考
個人番号又は法人番号	↓個人番号の記載に当たっては、左端を空欄としここから記入してください。		↓個人番号の記載に当たっては、左端を空欄としここから記入してください。	
生年月日 ❷	昭和42年　2月　14日（年齢 64 歳）		年　月　日（年齢　歳）	
住所（電話番号）	〒 千葉県市川市○○○6丁目3番1号 (　-　-　)		〒 (　-　-　)	
被相続人との続柄／職業	二男／無職			
取得原因	❸ 相続・遺贈・相続時精算課税に係る贈与		相続・遺贈・相続時精算課税に係る贈与	
※整理番号				
課税価格の計算　① 取得財産の価額（第11表③）	❹ 23040833 円		円	
② 相続時精算課税適用財産の価額（第11の2表1⑦）				
③ 債務及び葬式費用の金額（第13表3⑦）				
④ 純資産価額（①+②-③）（赤字のときは0）	❻ 23040833			
⑤ 純資産価額に加算される暦年課税分の贈与財産価額（第14表1④）	❼ 2500000			
⑥ 課税価格（④+⑤）（1,000円未満切捨て）	❽ 25540000		000	

○この申告書は機械で読み取りますので、黒ボールペンで記入してください。

第1表（続）（平成31年1月分以降用）

←この申告書で提出しない人である場合（参考として記載している場合）は参考を○

❼「純資産価額に加算される暦年課税分の贈与財産価額⑤」から 1,000 円未満を切捨てた金額になり、この数字は第 15 表の「課税価格㊳」と

一致します。

⑵　**第２表**（図表 72 参照）

❶　課税価格の合計額欄に第１表の「課税価格⑥」の各人の合計額を記入します。

❷　遺産に係る基礎控除額欄に法定相続人数を記入し、基礎控除額を計算します。事例では、3,000 万円＋ 600 万円×２人の 4,200 万円になります。

❸　課税遺産総額は上記❶の課税価格の合計額から❷の遺産に係る基礎控除額を引いた金額になります。事例では、❶よりも❷のほうが大きくなっておりますので、課税遺産総額はゼロになります。

❹　課税遺産総額はゼロですが、第２表の相続税の総額の計算書の「④法定相続人」の欄にそれぞれの相続人の氏名、続柄を記入し、法定相続分の割合を記入します。

⑶　**第１表（各人の算出税額の計算）**（図表 73、74 参照）

❾　第２表の②遺産に係る基礎控除額と法定相続人の人数を第１表の「各人の算出税額の計算」欄に転記します。

❿「各人の算出税額の計算」の「あん分割合⑧」を記入します。あん分割合は、各人それぞれの「課税価格⑥」÷各人の合計Ⓐになります。

事例においては、

Ⓐ　山田一郎

13,254,000 円÷ 38,794,000 円＝ 0.341650……

小数点第５位を四捨五入し、0.3417 を第１表の⑧の山田一郎の欄に記入します。

Ⓑ　山田次郎

25,540,000 円÷ 38,794,000 円＝ 0.658349……

小数点第５位を四捨五入し、0.6583 を第１表の⑧の山田次郎の欄に記入します。

【図表 72　第 2 表　相続税の総額の計算書】

相続税の総額の計算書

被相続人　山田　花子

第2表（平成27年分以降用）

○この表を修正申告書の第2表として使用するときは、㋑欄には修正申告書第1表の㋺欄の⑥Ⓐの金額を記入し、㋭欄には修正申告書第3表の1の㋺欄の⑥Ⓐの金額を記入します。

❹

この表は、第1表及び第3表の「相続税の総額」の計算のために使用します。
なお、被相続人から相続、遺贈や相続時精算課税に係る贈与によって財産を取得した人のうちに農業相続人がいない場合は、この表の㋭欄及び㋬欄並びに⑨欄から⑪欄までは記入する必要がありません。

① 課税価格の合計額		② 遺産に係る基礎控除額	③ 課税遺産総額	
㋑（第1表⑥Ⓐ）	❶ 38,794,000 円	❷ 3,000万円＋（600万円×（Ⓐの法定相続人の数）㋺ 2 人）＝ ㋩ 4,200 万円	㋥（㋑－㋩）	❸ ,000 円
㋭（第3表⑥Ⓐ）	,000	㋺の人数及び㋩の金額を第1表Ⓑへ転記します。	㋬（㋭－㋩）	,000

④ 法定相続人（(注) 1参照）氏名	被相続人との続柄	⑤ 左の法定相続人に応じた法定相続分	第1表の「相続税の総額⑦」の計算 ⑥ 法定相続分に応ずる取得金額（㋥×⑤）（1,000円未満切捨て）	⑦ 相続税の総額の基となる税額（下の「速算表」で計算します。）	第3表の「相続税の総額⑦」の計算 ⑨ 法定相続分に応ずる取得金額（㋬×⑤）（1,000円未満切捨て）	⑩ 相続税の総額の基となる税額（下の「速算表」で計算します。）
山田　一郎	長男	1／2	,000 円	円	,000 円	円
山田　次郎	二男	1／2	,000		,000	
			,000		,000	
			,000		,000	
			,000		,000	
			,000		,000	
			,000		,000	
			,000		,000	
			,000		,000	
法定相続人の数	Ⓐ 2 人	合計 1	⑧ 相続税の総額（⑦の合計額）（100円未満切捨て）	00	⑪ 相続税の総額（⑩の合計額）（100円未満切捨て）	00

(注) 1　④欄の記入に当たっては、被相続人に養子がある場合や相続の放棄があった場合には、「相続税の申告のしかた」をご覧ください。
2　⑧欄の金額を第1表⑦欄へ転記します。財産を取得した人のうちに農業相続人がいる場合は、⑧欄の金額を第1表⑦欄へ転記するとともに、⑪欄の金額を第3表⑦欄へ転記します。

相続税の速算表

法定相続分に応ずる取得金額	10,000千円以下	30,000千円以下	50,000千円以下	100,000千円以下	200,000千円以下	300,000千円以下	600,000千円以下	600,000千円超
税率	10%	15%	20%	30%	40%	45%	50%	55%
控除額	－千円	500千円	2,000千円	7,000千円	17,000千円	27,000千円	42,000千円	72,000千円

この速算表の使用方法は、次のとおりです。
⑥欄の金額×税率－控除額＝⑦欄の税額　　⑨欄の金額×税率－控除額＝⑩欄の税額
例えば、⑥欄の金額30,000千円に対する税額（⑦欄）は、30,000千円×15%－500千円＝4,000千円です。

○連帯納付義務について
相続税の納税については、各相続人等が相続、遺贈や相続時精算課税に係る贈与により受けた利益の価額を限度として、お互いに連帯して納付しなければならない義務があります。

第2表（平27.7）　　（資4－20－3－A4統一）

【図表 73　第 1 表　相続税の申告書】

相続税の申告書

FD3561

春日部　税務署長

　　年　　月　　日提出

相続開始年月日　令和13年　5 月　10 日

※申告期限延長日　　年　　月　　日

○フリガナは、必ず記入してください。

項目		各人の合計	財産を取得した人
フリガナ		（被相続人）ヤマダ ハナコ	ヤマダ イチロウ
氏名		山田　花子	山田　一郎
個人番号又は法人番号			↓個人番号の記載に当たっては、左端を空欄としここから記入してください。
生年月日		昭和15 年 9 月 17 日（年齢 90 歳）	昭和40 年 3 月 24 日（年齢 66 歳）
住所（電話番号）		埼玉県春日部市〇〇〇３丁目５番１６号	〒 埼玉県春日部市〇〇〇３丁目５番１６号（　－　－　）
被相続人との続柄　職業		無職	長男　無職
取得原因		該当する取得原因を〇で囲みます。	（相続）・遺贈・相続時精算課税に係る贈与
※整理番号			
課税価格の計算	取得財産の価額（第11表③）①	37378318 円	14337485 円
	相続時精算課税適用財産の価額（第11の2表1⑦）②		
	債務及び葬式費用の金額（第13表3⑦）③	3583100	3583100
	純資産価額（①+②-③）（赤字のときは0）④	33795218	10754385
	純資産価額に加算される暦年課税分の贈与財産価額（第14表1④）⑤	5000000	2500000
	課税価格（④+⑤）（1,000円未満切捨て）⑥	38794000 Ⓐ	13254000
各人の算出税額の計算	法定相続人の数　遺産に係る基礎控除額	❾ 2 人　42000000 円	Ⓑ 左の欄には、第2表の②欄の㋺の人数及び㋩の金額を記入します。
	相続税の総額 ⑦	00	左の欄には、第2表の⑧欄の金額を記入します。
	一般の場合（⑩の場合を除く）　あん分割合（各人の⑥/Ⓐ）⑧	1.00	0.3417　❿Ⓐ
	算出税額（⑦×各人の⑧）⑨	円	円
	農地等納税猶予の適用を受ける場合　算出税額（第3表⑬）⑩		
	相続税額の2割加算が行われる場合の加算金額（第4表⑦）⑪	円	円
各人の納付・還付税額の計算	税額控除　暦年課税分の贈与税額控除額（第4表の2㉖）⑫		
	配偶者の税額軽減額（第5表㋑又は㋩）⑬		
	未成年者控除額（第6表1②、③又は⑥）⑭		
	障害者控除額（第6表2②、③又は⑥）⑮		
	相次相続控除額（第7表⑬又は⑱）⑯		
	外国税額控除額（第8表1⑧）⑰		
	計 ⑱		
	差引税額（⑨+⑪-⑱）又は（⑩+⑪-⑱）（赤字のときは0）⑲		
	相続時精算課税分の贈与税額控除額（第11の2表1⑧）⑳	00	00
	医療法人持分税額控除額（第8の4表2B）㉑		
	小計（⑲-⑳-㉑）（黒字のときは100円未満切捨て）㉒	⓫ 0	⓫ 0
	納税猶予税額（第8の8表⑧）㉓	00	00
	申告納税額（㉒-㉓）　申告期限までに納付すべき税額 ㉔	00	00
	還付される税額 ㉕	△	△

※税務署整理欄　申告区分　年分　グループ番号　補完番号　名簿番号　申告年月日　関与区分　書面添付　検算　管理補完　確認

※税務署整理欄　通信日付印　年月日　（確認）

作成税理士の事務所所在地・署名・電話番号

☑ 税理士法第30条の書面提出有

☐ 税理士法第33条の2の書面提出有

（資4－20－1－1－A4統一）第1表（令3.7）

○この申告書は機械で読み取りますので、黒ボールペンで記入してください。また、申告書と添付資料を一緒にとじないでください。

※の項目は記入する必要がありません。

第1表（平成31年1月分以降用）

←この申告書で提出しない人である場合（参考として記載している場合）は「参考」を〇で囲んでください（その人の分は申告書とは取り扱いません。）。

（注）㉒欄の金額が赤字となる場合は、㉒欄の左端に△を付してください。なお、この場合で、㉒欄の金額のうちに贈与税の外国税額控除額（第11の2表1⑨）があるときの㉒欄の金額については、「相続税の申告のしかた」を参照してください。

【図表 74　第１表　相続税の申告書（続）】

相続税の申告書(続)

FD3562

第１表（続）（平成31年1月分以降用）

○この申告書は機械で読み取りますので、黒ボールペンで記入してください。

※申告期限延長日　　年　月　日

○フリガナは、必ず記入してください。

項目		財産を取得した人	参考として記載している場合	財産を取得した人	参考として記載している場合
フリガナ		ﾔﾏﾀﾞ ｼﾞﾛｳ			
氏名		山田　次郎	参考		参考
個人番号又は法人番号		↓個人番号の記載に当たっては、左端を空欄としここから記入してください。		↓個人番号の記載に当たっては、左端を空欄としここから記入してください。	
生年月日		昭和42年　2月　14日（年齢　64歳）		年　月　日（年齢　歳）	
住所（電話番号）		〒 千葉県市川市○○○６丁目３番１号 （　－　－　）		〒 （　－　－　）	
被相続人との続柄／職業		二男／無職			
取得原因		(相続)・遺贈・相続時精算課税に係る贈与		相続・遺贈・相続時精算課税に係る贈与	
※整理番号					
課税価格の計算	取得財産の価額（第11表③） ①	23040833 円		円	
	相続時精算課税適用財産の価額（第11の２表１⑦） ②				
	債務及び葬式費用の金額（第13表３⑦） ③				
	純資産価額（①＋②－③）（赤字のときは０） ④	23040833			
	純資産価額に加算される暦年課税分の贈与財産価額（第14表１④） ⑤	2500000			
	課税価格（④＋⑤）（1,000円未満切捨て） ⑥	25540000		000	
各人の算出税額の計算	法定相続人の数／遺産に係る基礎控除額				
	相続税の総額 ⑦				
	一般の場合（⑳の場合を除く）あん分割合（各人の⑥／Ⓐ） ⑧	0.6583　❿Ⓑ		.	
	一般の場合（⑳の場合を除く）算出税額（⑦×各人の⑧） ⑨	円		円	
	農地等納税猶予の適用を受ける場合　算出税額（第３表⑬） ⑩				
	相続税額の２割加算が行われる場合の加算金額（第４表⑦） ⑪	円		円	
各人の納付・還付税額の計算	税額控除　暦年課税分の贈与税額控除額（第４表の２⑭） ⑫				
	税額控除　配偶者の税額軽減額（第５表㋑又は㋩） ⑬				
	税額控除　未成年者控除額（第６表１②、③又は⑥） ⑭				
	税額控除　障害者控除額（第６表２②、③又は⑥） ⑮				
	税額控除　相次相続控除額（第７表⑬又は⑱） ⑯				
	税額控除　外国税額控除額（第８表１⑧） ⑰				
	税額控除　計 ⑱				
	差引税額（⑨＋⑪－⑱）又は（⑩＋⑪－⑱）（赤字のときは０） ⑲				
	相続時精算課税分の贈与税額控除額（第11の２表１⑧） ⑳	00		00	
	医療法人持分税額控除額（第８の４表２Ｂ） ㉑				
	小計（⑲－⑳－㉑）（黒字のときは100円未満切捨て） ㉒	⓫　0			
	納税猶予税額（第８の８表⑧） ㉓	00		00	
	申告納税額（㉒－㉓）　申告期限までに納付すべき税額 ㉔	00		00	
	申告納税額（㉒－㉓）　還付される税額 ㉕	△		△	

※税務署整理欄	申告区分	年分	グループ番号	補完番号	補完番号
	名簿番号	申告年月日	管理補完	確認	検算	管理補完	確認

※の項目は記入する必要がありません。

←この申告書で提出しない人である場合（参考として記載している場合）は参考を○で囲んでください（その人の分は申告書とは取り扱いません。）。

（注）㉒欄の金額が赤字となる場合は、㉒欄の左端に△を付してください。なお、この場合で、㉒欄の金額のうちに贈与税の外国税額控除額（第11の２表１⑨）があるときの㉓欄の金額については、「相続税の申告のしかた」を参照してください。

（資４－20－２－１－Ａ４統一）第１表(続)（令3.7）

⑷　第１表（各人の納付・還付税額の計算）

⓫　上記により各相続人の相続税額はゼロになりますので、「各人の納付・還付税額の計算」欄の「小計㉒」にそれぞれ０と記入します。

第 11 章の第一次相続においては、小規模宅地等の特例及び配偶者の税額軽減を適用し、財産総額を配偶者に相続させることにより、各人の相続税額はゼロになりました。

第 11 章の第一次相続から 10 年後の第二次相続の設定である本事例においても、母山田花子と長男山田一郎が所有不動産に同居し、小規模宅地等の特例を適用することで、相続人各人の相続税はゼロになっています。

コラム　外国の相続税

①　アメリカの相続税

アメリカにおける相続税は、遺産税（Estate Tax）と呼ばれ、日本の相続税が相続財産を法定相続人に分けてからそれぞれ税率をかけて計算するのに対し、アメリカの遺産税は相続財産から税額を計算し、税額を引いた残りの財産を相続人で分ける方法を採っており、税額は相続人の人数に関係なく一定となっています。非課税枠が高いため、死亡者数に占める課税件数の割合は２％ほどになります。

②　イギリスの相続税

イギリスにおける相続税は、遺産課税方式であり、現状 28 万５千ポンドを超える資産に対して 40％の税率で課税されます。死亡者数に占める課税件数の割合は５％ほどになります。

③　ドイツの相続税

ドイツにおける相続税は、遺産取得課税方式（人が相続によって取得した財産を対象として課税する制度）であり、税率は、配偶者子女等は７～ 30％、兄弟姉妹等は 12 ～ 40％、その他は 17 ～ 50％になります。死亡者数に占める課税件数の割合は 15％ほどになります。

④　相続税のない国

中国、シンガポール、カナダ、オーストラリア、ロシア、スウェーデン等。

第 13 章

相続税の納付が必要な相続税申告書の記載例

第 13 章では、第 11 章の内容に、東京都文京区の貸アパートとその未収家賃及び生命保険会社の終身年金（相続税法上の定期金）を付け加えた相続税の申告書の書き方を見ていきます。

基本的に第 11 章の事例の内容をふまえていますので、重複する項目はできる限り省略して、追加した項目を中心に申告書の書き方を説明していきます。

1．前提

① 第 11 章の遺産に東京都文京区の貸アパートとその未収家賃及び生命保険会社の終身年金を加えました。なお、貸アパートは相続開始日まで 3 年を超えて営んでいたものとします。

② 第 11 章で登場する二男山田次郎は死亡しており、その子山田幸子が代襲相続をします。

③ 生命保険金の受取人を変更します。

④ 長男山田一郎が文京区の貸アパートを相続することにより、相続人間で相続財産の多寡が出るため、山田一郎から山田幸子へ 10,000,000 円の代償金の支払い（代償分割）をしています。

(1) 被相続人や相続人に関する明細

① 被相続人が死亡した日

令和 3 年 5 月 10 日

② 被相続人の住所、氏名、生年月日、職業

住所　　埼玉県春日部市○○○ 3 丁目 5 番 16 号

氏名　　山田太郎

生年月日　昭和 10 年 10 月 19 日（85 歳）

職業　　無職

③ 法定相続人の明細

被相続人との続柄：住所、氏名、生年月日、職業

妻：埼玉県春日部市○○○3丁目5番16号、山田花子、昭和15年9月17日（80歳）、無職

長男：東京都文京区○○○1丁目2番3号、山田一郎、昭和40年3月24日（56歳）、会社員

孫（二男の子）：千葉県市川市○○○6丁目3番1号、山田幸子、平成3年5月1日（30歳）、無職

(2) 相続財産等の明細

<山田花子の取得財産等>

①　土地　居住用宅地	春日部市○○○3丁目570－1　150.00㎡ 評価額　60,000,000円
②　家屋　自用家屋	春日部市○○○3丁目570－1 鉄筋コンクリート造2階建 延床面積93.00㎡ 評価額　3,674,970円
③　現金	450,000円
④　○○銀行○○支店	普通預金　2,184,100円 定期預金　19,808,910円 （定期預金利息17,176円含む）
⑤　家庭用財産	家具等一式　5 00,000円
⑥　生命保険	○○生命保険相互会社　受取人山田花子 5,000,000円受領 ××生命保険相互会社　受取人山田花子 10,000,000円受領
⑦　未納固定資産税	345,900円 （令和3年分）
⑧　葬式費用 相続財産計	○○寺他　3,271,800円 98,000,280円

＜山田一郎の取得財産等＞

①　土地　貸家建付地	文京区○○○１丁目 430 － 1　300.00㎡ 評価額　117,834,000 円
②　家屋　貸アパート	文京区○○○１丁目 430 － 1 延床面積 400.00㎡ 評価額　13,859,646 円
③　生命保険	○○生命保険相互会社　受取人山田一郎 29,629,483 円受領
④　未収家賃	文京区○○○１丁目 430 － 1 538,350 円
⑤　代襲財産	山田幸子へ現金　△ 10,000,000 円
相続財産計	151,861,479 円

＜山田幸子の取得財産等＞

①　有価証券	○○建設株式会社　10,000 株 評価額	 7,830,000 円
②　定期金	××生命保険株式会社	 17,120,000 円
③　代襲財産	山田一郎から現金	10,000,000 円
相続財産計		34,950,000 円

遺産総額　284,811,759 円

2．生命保険金・定期金

⑴　第９表の「生命保険金などの明細書」を作成する（第 11 章参照）

⑵　定期金に関する権利の評価明細書を作成する（図表 75 参照）

定期金は、定期金の支払明細書を参考に「定期金に関する権利の評価明細書」で評価した後に第 11 表に転記します。

❶ 「定期金又は契約の名称」欄に定期金の支払明細書から「保証金額付終身年金」と記入します。

❷ 「定期金の給付者」欄に××生命保険㈱と記入します。

❸ 「定期金に関する権利を取得した者」欄に、定期金を相続する孫山田幸子の氏名を記入します。

❹ 「定期金給付契約に関する権利の取得年月日」欄に、定期金の契約日を記入します。

❺ 「1　定期金の給付事由が発生しているもの」「(3)終身定期金」「一時金の金額⑱」欄に定期金の支払明細書から死亡一時金の金額を記入します。

❻ ⑲の「1 年当たりの平均額」×「複利年金現価率」を計算します。

a　㉑「1 年当たりの平均額」に定期金の支払明細書から、年金の 1 年当たりの平均額を記入します。

b　㉒「予定利率」を定期金の支払明細書から記入します。事例では 1.5%とします。

c　㉓「余命年数」を厚生労働省の発行する生命余命表から記入します。85 歳男性の余命年数は 6 年です。

d　㉔「複利年金現価率」を複利年金現価率表から記入します。年利率 1.5%、6 年の複利年金現価率はを 5.697 とします。

e　㉕「㉑×㉙の金額」を記入します。

576,000 円「1 年当たりの平均額」× 5.697「複利年金現価率」＝ 3,281,472 円になります。

f　⑲「㉕の金額」に上記 3,281,472 円を記入します。

g　⑳「評価額」に⑱「一時金の金額」と⑲の「1 年当たりの平均額」×「㉔複利年金現価率」のいずれか多い金額を記入します。

事例では 17,120,000 円になります。

【図表 75　定期金に関する権利の評価明細書】

定期金に関する権利の評価明細書

（平成二十二年度改正法適用分）

被相続人氏名	山田　太郎

定期金又は契約の名称	保証金額付終身年金 ❶		
定期金の給付者　氏名又は名称	××生命保険㈱ ❷	住所又は所在地	
定期金に関する権利を取得した者	山田　幸子 ❸		
定期金給付契約に関する権利の取得年月日	平成　22　年　4　月　30　日 ❹		

1　定期金の給付事由が発生しているもの

(1) 有期定期金

解約返戻金の金額	一時金の金額	⑨の金額	評価額（①、②又は③のいずれか多い金額）
①　　円	②　　円	③　　円	④　　円

③の計算

定期金給付契約に基づく定期金の給付が終了する年月日	平成　　年　　月　　日			
1年当たりの平均額	予定利率	給付期間の年数	複利年金現価率	⑤×⑧の金額
⑤　　円	⑥　　%	⑦　　年	⑧	⑨　　円

(2) 無期定期金

解約返戻金の金額	一時金の金額	⑯の金額	評価額（⑩、⑪又は⑫のいずれか多い金額）
⑩　　円	⑪　　円	⑫　　円	⑬　　円

⑫の計算

1年当たりの平均額	予定利率	⑭÷⑮の金額
⑭　　円	⑮　　%	⑯　　円

(3) 終身定期金

解約返戻金の金額	一時金の金額	㉕の金額	評価額（⑰、⑱又は⑲のいずれか多い金額）
⑰　　円	⑱　　円 ❺ 17,120,000	⑲　　円 ❻f 3,281,472	⑳　　円 ❻g 17,120,000

⑲の計算

定期金給付契約の目的とされた者の生年月日及び性別	昭和　4　年　10　月　19　日　（㊚・女）			
1年当たりの平均額	予定利率	余命年数	複利年金現価率	㉑×㉔の金額
㉑　　円 ❻a 576,000	㉒　　% ❻b 1.500	㉓　　年 ❻c 6	㉔ ❻d 5.697	㉕　　円 ❻e 3,281,472

	④の金額	⑳の金額	評価額
(4) 権利者に対し、一定期間、かつ、定期金給付契約の目的とされた者の生存中定期金を給付する契約に基づくもの	㉖　　円	㉗　　円	（㉖又は㉗のいずれか少ない金額）㉘　　円
(5) 定期金給付契約の目的とされた者の生存中定期金を給付し、かつ、その者が死亡したときは権利者又は遺族等に定期金を給付する契約に基づくもの	㉙　　円	㉚　　円	（㉙又は㉚のいずれか多い金額）㉛　　円

2　定期金の給付事由が発生していないもの

(1) 契約に解約返戻金を支払う定めがない場合

定期金給付契約に基づく掛金又は保険料の払込開始年月日	昭和／平成　　年　　月　　日				
イ　掛金又は保険料が一時に払い込まれた場合					
払込金額	予定利率	経過期間の年数	複利終価率	㋑×㋥の金額	評価額（㋭×$\frac{90}{100}$）
㋑　　円	㋺　　%	㋩　　年	㋥	㋭　　円	㋬　　円
ロ　イ以外の場合					
1年当たりの平均額	予定利率	払込済期間の年数	複利年金終価率	㋣×㋦の金額	評価額（㋸×$\frac{90}{100}$）
㋣　　円	㋠　　%	㋷　　年	㋦	㋸　　円	㋾　　円

(2) (1)以外の場合	評価額（解約返戻金の金額）
	㋻　　円

（資4－34－A4統一）

3．土地

⑴　土地及び土地の上に存する権利の評価明細書に記載する（自宅）

春日部市○○○の自宅については、第 11 章を参照してください。

⑵　土地及び土地の上に存する権利の評価明細書に記載する（貸家建付地。図表 77、78 参照）

東京都文京区の不動産は貸アパートであり、土地の利用区分は貸家建付地となります。

① 固定資産の評価証明書（図表 76）から必要事項を記入していきます。

❶ 評価証明書の「年度」欄の数字を転記します。
❷ 評価証明書の「所有者住所」欄を転記します。
❸ 評価証明書の「所有者氏名」欄を転記します。
❹ 評価証明書の「所在地」欄を転記します。
❺ 評価証明書の「登記地目」欄から「宅地」に○をつけます。
❻ 評価証明書の「地積」欄の㎡を小数点第二位まで転記します。

② 国税庁が公表している路線価図より路線価を記入します。

❼ 土地の間口距離及び奥行距離を記入します。
❽ 自己所有の土地を貸アパートに利用しているので「利用区分」「貸家建付地」に○をつけます。

【図表 76　固定資産課税台帳記載事項証明書　東京】

固定資産課税台帳記載事項証明書（評価証明書）

0000000001
（ 1/ 1）

年度	所有者住所	所有者氏名
令和3年 ❶	埼玉県春日部市○○○３丁目５番１６号 ❷	山田　太郎 ❸

区分	所在地 （ ）内は家屋番号	登記地目・課税地目 家屋の種類	地積（㎡） 床面積（㎡）	建築年 構造・屋根・階層	価格（円）
		備考			
土地	○○○１丁目 ４３０－１ ❹	宅地・宅地 ❺	300.00	❻	110,555,288
家屋	○○○１丁目	共同住宅	400.00	平成10年 鉄筋コンクリート造　2階建	19,799,495

【図表 77　土地及び土地の上に存する権利の評価明細書】

土地及び土地の上に存する権利の評価明細書（第1表）

局(所)　署	❶ 令和3年分	ページ

(住居表示)	(東京都文京区○○○) 1丁目3番5号	所有者	住所 (所在地)	埼玉県春日部市○○○3丁目 5番16号 ❷	使用者	住所 (所在地)	埼玉県春日部市○○○3丁目 5番16号 ❷
所在地番	東京都文京区○○○1 丁目430−1 ❹		氏名 (法人名)	山田　太郎 ❸		氏名 (法人名)	山田　太郎 ❸

地目	地積	路線価 正面	側方	側方	裏面	地形図及び参考事項
(宅地) 山林 ❺ 田 雑種地 畑 (　)	❻ 300.00 ㎡	470,000円	300,000円	円	円	

間口距離	❼ 15.00 m	利用区分	自用地 私道 貸宅地 ❽ 貸家建付借地権 (貸家建付地) 転貸借地権 借地権（　）	地区区分	ビル街地区 (普通住宅地区) 高度商業地区 中小工場地区 繁華街地区 大工場地区 普通商業・併用住宅地区
奥行距離	❼ 20.00 m				

自用地1平方メートル当たりの価額		(1㎡当たりの価額)	
	1　一路線に面する宅地 (正面路線価)　(奥行価格補正率) 470,000円 × 1.00	470,000円	A
	2　二路線に面する宅地 (A)　[(側方)・裏面 路線価]　(奥行価格補正率)　[(側方)・二方 路線影響加算率] 470,000円 ＋ (300,000円 × × 0.03)	479,000円	B
	3　三路線に面する宅地 (B)　[側方・裏面 路線価]　(奥行価格補正率)　[側方・二方 路線影響加算率] 円 ＋ (　円 × × ×———)	円	C
	4　四路線に面する宅地 (C)　[側方・裏面 路線価]　(奥行価格補正率)　[側方・二方 路線影響加算率] 円 ＋ (　円 × × ×———)	円	D
	5-1　間口が狭小な宅地等 (AからDまでのうち該当するもの)　(間口狭小補正率)　(奥行長大補正率) 円 × (　×　)	円	E
	5-2　不整形地 (AからDまでのうち該当するもの)　不整形地補正率※ 円 × ※不整形地補正率の計算 (想定整形地の間口距離)　(想定整形地の奥行距離)　(想定整形地の地積) m × m ＝ ㎡ (想定整形地の地積)　(不整形地の地積)　(想定整形地の地積)　(かげ地割合) (　㎡ − ㎡) ÷ ㎡ ＝ %	円	F

(平成三十一年一月分以降用)

❾　路線価表をみると、無印で← 470 D →となっている路線と無印で← 300 D →となっている路線の二面に土地が接しています。無印であることから普通住宅地区を表しているので「地区区分」の「普通住宅地区」に○をつけます。

③　自用地1平方メートル当たりの価額を計算します。

二路線に面している土地であるので、正面路線価の価額に側方路線影響加算額を加えた価額を算出する必要があります。

❿　正面路線価は路線価が高いほうになるので470千円になり、「路線価」の「正面」と「自用地1平方メートル当たりの価額」欄の1「一路線に

【図表 78　土地及び土地の上に存する権利の評価明細書】

土地及び土地の上に存する権利の評価明細書（第１表）　局(所)　署　令和3年分　ページ

（平成三十一年一月分以降用）

(住居表示)	(東京都文京区○○○) 1丁目3番5号	所有者	住所(所在地)	埼玉県春日部市○○○３丁目５番１６号	使用者	住所(所在地)	埼玉県春日部市○○○３丁目５番１６号
所在地番	東京都文京区○○○１丁目４３０－１		氏名(法人名)	山田　太郎		氏名(法人名)	山田　太郎

地目	地積	路線価 正面	側方	側方	裏面	地形図及び参考事項
(宅地) 山林 田 雑種地 畑 (　)	300.00 ㎡	❿ 479,000円	⓭b 300,000円	円	円	

間口距離	15.00 m	利用区分	自用地　私道 貸宅地　貸家建付借地権 (貸家建付地)　転貸借地権 借地権（　）	地区区分	ビル街地区　(普通住宅地区) 高度商業地区　❾中小工場地区 繁華街地区　大工場地区 普通商業・併用住宅地区
奥行距離	20.00 m				

自用地１平方メートル当たりの価額

項目	計算	(1㎡当たりの価額)	記号
1　一路線に面する宅地	(正面路線価)　(奥行価格補正率) ❿ 470,000円 × ⓭a ⓫ 1.00 ⓭a	⓬ 470,000円	A
2　二路線に面する宅地	(A)　[(側方)・裏面 路線価]　(奥行価格補正率)　[(側方)・二方 路線影響加算率] 470,000円 ＋ (⓭b 300,000円 × 　× ⓭c 0.03)	⓭d 479,000円	B
3　三路線に面する宅地	(B)　[側方・裏面 路線価]　(奥行価格補正率)　[側方・二方 路線影響加算率] 円 ＋ (　円 ×　×　)	円	C
4　四路線に面する宅地	(C)　[側方・裏面 路線価]　(奥行価格補正率)　[側方・二方 路線影響加算率] 円 ＋ (　円 ×　×　)	円	D
5-1　間口が狭小な宅地等	(AからDまでのうち該当するもの)　(間口狭小補正率)　(奥行長大補正率) 円 × (　×　)	円	E
5-2　不整形地	(AからDまでのうち該当するもの)　不整形地補正率※ 円 × ※不整形地補正率の計算 (想定整形地の間口距離)　(想定整形地の奥行距離)　(想定整形地の地積) m ×　m ＝　㎡ (想定整形地の地積)　(不整形地の地積)　(想定整形地の地積)　(かげ地割合) (　㎡ －　㎡) ÷　㎡ ＝　% (不整形地補正率表の補正率)　(間口狭小補正率)　(小数点以下2位未満切捨て) ×　＝　① (奥行長大補正率)　(間口狭小補正率) ×　＝　② [不整形地補正率 (①、②のいずれか低い率、0.6を下限とする。)]	円	F
6　地積規模の大きな宅地	(AからFまでのうち該当するもの)　規模格差補正率※ 円 × ※規模格差補正率の計算 (地積(Ⓐ))　(Ⓑ)　(Ⓒ)　(地積(Ⓐ))　(小数点以下2位未満切捨て) {(　㎡×　＋　) ÷　㎡} × 0.8 ＝	円	G
7　無道路地	(F又はGのうち該当するもの)　(※) 円 × (1 －　) ※割合の計算（0.4を上限とする。） (正面路線価)　(通路部分の地積)　(F又はGのうち該当するもの)　(評価対象地の地積) (　円 ×　㎡) ÷ (　円 ×　㎡) ＝	円	H
8-1　がけ地等を有する宅地	[南、東、西、北] (AからHまでのうち該当するもの)　(がけ地補正率) 円 ×	円	I
8-2　土砂災害特別警戒区域内にある宅地	(AからHまでのうち該当するもの)　特別警戒区域補正率※ 円 × ※がけ地補正率の適用がある場合の特別警戒区域補正率の計算（0.5を下限とする。） [南、東、西、北] (特別警戒区域補正率表の補正率)　(がけ地補正率)　(小数点以下2位未満切捨て) ×　＝	円	J
9　容積率の異なる２以上の地域にわたる宅地	(AからJまでのうち該当するもの)　(控除割合（小数点以下3位未満四捨五入）) 円 × (1 －　)	円	K
10　私道	(AからKまでのうち該当するもの) 円 × 0.3	円	L

自用地の評価額	自用地1平方メートル当たりの価額 (AからLまでのうちの該当記号)	地積	総額 (自用地1㎡当たりの価額)×(地積)	
	(B) 479,000円	300.00 ㎡	143,700,000円	M

(注) 1　5-1の「間口が狭小な宅地等」と5-2の「不整形地」は重複して適用できません。
2　5-2の「不整形地」の「AからDまでのうち該当するもの」欄の価額について、AからDまでの欄で計算できない場合には、(第2表)の「備考」欄等で計算してください。
3　「がけ地等を有する宅地」であり、かつ、「土砂災害特別警戒区域内にある宅地」である場合については、8-1の「がけ地等を有する宅地」欄ではなく、8-2の「土砂災害特別警戒区域内にある宅地」欄で計算してください。

(資4－25－1－A4統一)

【図表 79　奥行価格補正率表】

地区区分 奥行距離 (メートル)	ビル街地区	高度商業地区	繁華街地区	普通商業・併用住宅地区	普通住宅地区	中小工場地区	大工場地区
4未満	0.80	0.90	0.90	0.90	0.90	0.85	0.85
4以上6未満		0.92	0.92	0.92	0.92	0.90	0.90
6〃　8〃	0.84	0.94	0.95	0.95	0.95	0.93	0.93
8〃　10〃	0.88	0.96	0.97	0.97	0.97	0.95	0.95
10〃　12〃	0.90	0.98	0.99	0.99	1.00	0.96	0.96
12〃　14〃	0.91	0.99	1.00	1.00		0.97	0.97
14〃　16〃	0.92	1.00				0.98	0.98
16〃　20〃	0.93					0.99	0.99
20〃　24〃	0.94					1.00	
24〃　28〃	0.95				0.97		
28〃　32〃	0.96		0.98		0.95		
32〃　36〃	0.97		0.96	0.97	0.93		
36〃　40〃	0.98		0.94	0.95	0.92		
40〃　44〃	0.99		0.92	0.93	0.91		
44〃　48〃			0.90	0.91	0.90		
48〃　52〃		0.99	0.88	0.89	0.89		
52〃　56〃		0.98	0.87	0.88	0.88		
56〃　60〃		0.97	0.86	0.87	0.87		

【図表 80　側方路線影響加算率表】

地区区分	加算率	
	角地の場合	準角地の場合
ビル街地区	0.07	0.03
高度商業地区 繁華街地区	0.10	0.05
普通商業・併用住宅地区	0.08	0.04
普通住宅地区 中小工場地区	0.03	0.02
大工場地区	0.02	0.01

(注)　準角地とは、次図のように一系統の路線の屈折部の内側に位置するものをいう。

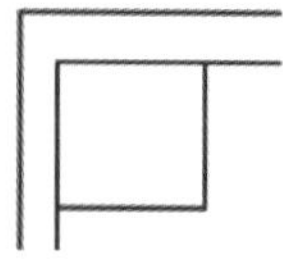

面する宅地」に正面路線価470,000円を記入します。

⓫　奥行距離が20.00 mの普通住宅地の奥行価格補正率表（図表79）を見ると1.00となっているので「奥行価格補正率」1.00を記入します。

⓬　上記⓾×⓫の470,000円が正面路線の1㎡当たりの価額になります。

⓭　側方路線影響加算額を計算します。

a　2「二路線に面する宅地」で計算します。正面路線に対して側方にある路線は側方路線になりますので、「側方」に○をつけます。

b　側方路線価の300,000円を記入し、側方路線からの奥行距離15.00 mの普通住宅地の奥行価格補正率（図表79）を見ると1.00となっているので、「奥行価格補正率」1.00を記入します。

c　上記a×bに側方路線影響加算率を乗じます。側方路線影響加算率は、側方路線影響加算率表（図表80）の「普通住宅地区」「角地の場合」の「加算率」は0.03になりますから、加算額は300,000円×0.03＝9,000円になります。

d　正面路線価の1㎡当たりの価額＋上記c＝二路線に面する宅地の1㎡当たりの価額になり、この場合の1㎡当たりの価額は470,000円×9,000円＝479,000円になります。

④　土地の総額を計算します（図表81）。

⓮「自用地の評価額」「自用地1平方メートル当たりの価額」欄に⓭で計算した金額479,000円を記入します。

⓯「地積」欄に前掲❻の300.00㎡を記入します。

⓰「総額」欄に上記⓮×⓯＝143,700,000円を記入します。

⑤　総額計算による価額を計算します（図表82）。

貸家建付地は、自用地の評価額からさらに借地権割合×借家権割合を控除することができます。

⓱　借地権割合は、路線価表から0.60になるので、「土地及び土地の上に存する権利の評価明細書」（第2表）の「総額計算による価額」「貸家建付地」（借地権割合）に記入します。

借家権割合は現状全国一律30％なので、（借家権割合）に0.30と記入します。

⓲「自用地の評価額」143,700,000円×（1－借地権割合0.60×借家

【図表 81　土地及び土地の上に存する権利の評価明細書】

土地及び土地の上に存する権利の評価明細書（第1表）　局(所)　署　令和3年分　ページ

(住居表示)	(東京都文京区〇〇〇 1丁目3番5号)	所有者	住所(所在地)	埼玉県春日部市〇〇〇3丁目5番16号	使用者	住所(所在地)	埼玉県春日部市〇〇〇3丁目5番16号
所在地番	東京都文京区〇〇〇1丁目430−1		氏名(法人名)	山田　太郎		氏名(法人名)	山田　太郎

	計算	(1㎡当たりの価額)	記号
	{(㎡× +) ÷ ㎡} × 0.8 =		
当たりの価額	7 無道路地 (F又はGのうち該当するもの)　(※) 円 × (1 −) ※割合の計算（0.4を上限とする。） (正面路線価) (通路部分の地積) (F又はGのうち該当するもの) (評価対象地の地積) (円 × ㎡) ÷ (円 × ㎡) =	(1㎡当たりの価額) 円	H
	8-1 がけ地等を有する宅地　〔南、東、西、北〕 (AからHまでのうち該当するもの)　(がけ地補正率) 円 ×	(1㎡当たりの価額) 円	I
	8-2 土砂災害特別警戒区域内にある宅地 (AからHまでのうち該当するもの)　特別警戒区域補正率※ 円 × ※がけ地補正率の適用がある場合の特別警戒区域補正率の計算（0.5を下限とする。） 〔南、東、西、北〕 (特別警戒区域補正率表の補正率) (がけ地補正率) (小数点以下2位未満切捨て) × =	(1㎡当たりの価額) 円	J
	9 容積率の異なる2以上の地域にわたる宅地 (AからJまでのうち該当するもの)　(控除割合（小数点以下3位未満四捨五入）) 円 × (1 −)	(1㎡当たりの価額) 円	K
	10 私道 (AからKまでのうち該当するもの) 円 × 0.3	(1㎡当たりの価額) 円	L

自用地の評価額	自用地1平方メートル当たりの価額 (AからLまでのうちの該当記号)	地積	総額 (自用地1㎡当たりの価額)×(地積)	
	(B) ⓮ 479,000 円	⓯ 300.00 ㎡	⓰ 143,700,000 円	M

(注) 1 5-1の「間口が狭小な宅地等」と5-2の「不整形地」は重複して適用できません。
2 5-2の「不整形地」の「AからDまでのうち該当するもの」欄の価額について、AからDまでの欄で計算できない場合には、(第2表)の「備考」欄等で計算してください。
3 「がけ地等を有する宅地」であり、かつ、「土砂災害特別警戒区域内にある宅地」である場合については、8-1の「がけ地等を有する宅地」欄ではなく、8-2の「土砂災害特別警戒区域内にある宅地」欄で計算してください。

(資4−25−1−A4統一)

【図表 82　土地及び土地の上に存する権利の評価明細書（第2表）】

土地及び土地の上に存する権利の評価明細書（第2表）

	計算		記号
セットバックを必要とする宅地の評価額	(自用地の評価額) 円 − ((自用地の評価額) 円 × (該当地積) ㎡ / (総地積) ㎡ × 0.7)	(自用地の評価額) 円	N
都市計画道路予定地の区域内にある宅地の評価額	(自用地の評価額) 円 × (補正率)	(自用地の評価額) 円	O
大規模工場用地等の評価額	○ 大規模工場用地等 (正面路線価) 円 × (地積) ㎡ × (地積が20万㎡以上の場合は0.95)	円	P
	○ ゴルフ場用地等 (宅地とした場合の価額)(地積) (円 × ㎡×0.6) − (円× ㎡) (1㎡当たりの造成費)(地積)	円	Q

(平成三十一年一月分以降用)

	利用区分	算式	総額	記号
総額	貸宅地	(自用地の評価額) 円 × (1− (借地権割合))	円	R
	貸家建付地	(自用地の評価額又はT) (借地権割合) (借家権割合) (賃貸割合) 143,700,000 円 × (1− ⓱ 0.60 × ⓱ 0.30 × ㎡/㎡)	⓲ 117,834,000 円	S
	(目的となっている)	(自用地の評価額) (割合)	円	T

権割合 0.30）＝ 117,834,000 円を「総額」に記入します。

⑶　小規模宅地等の特例を利用する（図表 83,84）

被相続人山田太郎が居住用として利用していた不動産を相続人の妻山田花子が相続し、貸アパート事業を長男山田一郎が承継することで小規模宅地等の特例を利用することができます。

第 11・11 の２表の付表１「小規模宅地等についての課税価格の計算明細書」に記入していきます。

❶　小規模宅地等の特例を受けるためには、対象となる財産を取得したすべての人の同意が必要であるので、「1　特例の適用にあたっての同意」欄に妻山田花子及び長男山田一郎の氏名を記入します。

❷　a 事例では、居住用宅地と貸アパートにつき小規模宅地等の特例を適用しますので、「2　小規模宅地等の明細」「小規模宅地等の種類」欄にそれぞれ番号を記入します。

　b 番号は下の「限度面積要件」の判定「小規模宅地等の種類」から選択します。「特定居住用宅地等」は１、「貸付事業用宅地等」は４になります。

❸「2　小規模宅地等の明細」①「特例の適用を受ける取得者の氏名」欄に、それぞれ小規模宅地等の特例を受ける者の氏名を記入します。

　長男山田一郎は貸家建付地を相続しますので、〔事業内容〕に「貸家」と記入します。

❹「2　小規模宅地等の明細」②「所在地番」欄にそれぞれ固定資産の評価証明の所在地を記入します。

❺「2　小規模宅地等の明細」③「取得者の持分に応ずる宅地等面積」欄は、居住用宅地の持分 100％を妻山田花子が、貸家建付地の持分 100％を長男山田一郎が取得しますので、固定資産の評価証明書の地積を記入します。

❻「2　小規模宅地等の明細」④「取得者の持分に応ずる宅地等の価額」欄は、妻山田花子が相続する居住用不動産は、上記「土地及び土地の上に存する権利の評価明細書」で計算した「自用地の評価額」を記入します。長男山田一郎が相続する貸家建付地については、前掲⓲の総額による価額を記入します。

【図表 83　小規模宅地等についての課税価格の計算明細書】

○この申告書は機械で読み取りますので、黒ボールペンで記入してください。

小規模宅地等についての課税価格の計算明細書

FD3549

第11・11の2表の付表1（令和2年4月分以降用）

被相続人	山田　太郎

この表は、小規模宅地等の特例（租税特別措置法第69条の4第1項）の適用を受ける場合に記入します。
なお、被相続人から、相続、遺贈又は相続時精算課税に係る贈与により取得した財産のうちに、「特定計画山林の特例」の対象となり得る財産又は「個人の事業用資産についての相続税の納税猶予及び免除」の対象となり得る宅地等その他一定の財産がある場合には、第11・11の2表の付表2を、「特定事業用資産の特例」の対象となり得る財産がある場合には、第11・11の2表の付表2の2を作成します（第11・11の2表の付表2又は付表2の2を作成する場合には、この表の「1 **特例の適用にあたっての同意**」欄の記入を要しません。）。
(注) この表の1又は2の各欄に記入しきれない場合には、第11・11の2表の付表1(続)を使用します。

1　特例の適用にあたっての同意

この欄は、小規模宅地等の特例の対象となり得る宅地等を取得した全ての人が次の内容に同意する場合に、その宅地等を取得した全ての人の氏名を記入します。

私(私たち)は、「2 小規模宅地等の明細」の①欄の取得者が、小規模宅地等の特例の適用を受けるものとして選択した宅地等又はその一部(「2 小規模宅地等の明細」の⑤欄で選択した宅地等)の全てが限度面積要件を満たすものであることを確認の上、その取得者が小規模宅地等の特例の適用を受けることに同意します。

氏名	❶ 山田　花子	❶ 山田　一郎	

(注) 小規模宅地等の特例の対象となり得る宅地等を取得した全ての人の同意がなければ、この特例の適用を受けることはできません。

2　小規模宅地等の明細

この欄は、小規模宅地等の特例の対象となり得る宅地等を取得した人のうち、その特例の適用を受ける人が選択した小規模宅地等の明細等を記載し、相続税の課税価格に算入する価額を計算します。

「小規模宅地等の種類」欄は、選択した小規模宅地等の種類に応じて次の1～4の番号を記入します。
小規模宅地等の種類：1 特定居住用宅地等、2 特定事業用宅地等、3 特定同族会社事業用宅地等、4 貸付事業用宅地等

選択した小規模宅地等	小規模宅地等の種類（1～4の番号を記入します。）	① 特例の適用を受ける取得者の氏名〔事業内容〕 ② 所在地番 ③ 取得者の持分に応ずる宅地等の面積 ④ 取得者の持分に応ずる宅地等の価額	⑤ ③のうち小規模宅地等(「限度面積要件」を満たす宅地等)の面積 ⑥ ④のうち小規模宅地等(④×⑤/③)の価額 ⑦ 課税価格の計算に当たって減額される金額(⑥×⑨) ⑧ 課税価格に算入する価額(④－⑦)
	1	① 山田　花子 ❸〔　〕	⑤ 150.00000000 ㎡
	❷a	② 春日部市○○○3丁目570－1 ❹	⑥ ❽a 60000000 円
		③ ❺ 150.000000 ㎡	⑦ 48000000 円
		④ ❻ 60000000 円	⑧ 12000000 円
	4	① 山田　一郎 ❸〔貸家 ❸〕	⑤ 109.09090909 ㎡
	❷a	② 東京都文京区○○○1丁目430－1 ❹	⑥ ❽b 42848727 円
		③ ❺ 300.000000 ㎡	⑦ 21424363 円
		④ ❻ 117834000 円	⑧ 96409637 円
		①〔　〕	⑤ ㎡
		②	⑥ 円
		③ ㎡	⑦ 円
		④ 円	⑧ 円

(注)1　①欄の「〔　〕」は、選択した小規模宅地等が被相続人等の事業用宅地等(2、3又は4)である場合に、相続開始の直前にその宅地等の上で行われていた被相続人等の事業について、例えば、飲食サービス業、法律事務所、貸家などのように具体的に記入します。
2　小規模宅地等を選択する一の宅地等が共有である場合又は一の宅地等が貸家建付地である場合において、その評価額の計算上「賃貸割合」が1でないときには、第11・11の2表の付表1(別表1)を作成します。
3　小規模宅地等を選択する宅地等が、配偶者居住権に基づく敷地利用権又は配偶者居住権の目的となっている建物の敷地の用に供される宅地等である場合には、第11・11の2表の付表1(別表1の2)を作成します。
4　⑧欄の金額を第11表の「財産の明細」の「価額」欄に転記します。

○「限度面積要件」の判定

上記「2 小規模宅地等の明細」の⑤欄で選択した宅地等の全てが限度面積要件を満たすものであることを、この表の各欄を記入することにより判定します。

小規模宅地等の区分	被相続人等の居住用宅地等	被相続人等の事業用宅地等		
小規模宅地等の種類	1 特定居住用宅地等 ❷b	2 特定事業用宅地等	3 特定同族会社事業用宅地等	4 貸付事業用宅地等 ❷b
⑨ 減額割合	80/100	80/100	80/100	50/100
⑩ ⑤の小規模宅地等の面積の合計	150.00000000 ㎡	㎡	㎡	109.09090909 ㎡
⑪限度面積 イ 小規模宅地等のうちに4貸付事業用宅地等がない場合	(1の⑩の面積)　≦330㎡	(2の⑩及び3の⑩の面積の合計)　㎡ ≦ 400㎡		
⑪限度面積 ロ 小規模宅地等のうちに4貸付事業用宅地等がある場合	(1の⑩の面積) ❼c 150.00000000 ㎡ × 200/330 +	(2の⑩及び3の⑩の面積の合計)　㎡ × 200/400 +		(4の⑩の面積) 109.09090909 ㎡ ≦ 200㎡

(注) 限度面積は、小規模宅地等の種類(「4 貸付事業用宅地等」の選択の有無)に応じて、⑪欄(イ又はロ)により判定を行います。「限度面積要件」を満たす場合に限り、この特例の適用を受けることができます。

※の項目は記入する必要がありません。

※税務署整理欄	年分		名簿番号		申告年月日		一連番号		グループ番号		補完	

第11・11の2表の付表1(令2.7)　　(資4－20－12－3－1－A4統一)

❼「2　小規模宅地等の明細」⑤「③のうち小規模宅地等の面積」欄は以下の計算によります。

a　居住用宅地の1㎡当たりの価額400,000円×居住用宅地の小規模宅地等の特例の減額割合80％＝320,000円

b　貸家建付地の借地権割合及び借家権割合加味後の1㎡当たりの価額＝117,834,000円÷300.00㎡＝392,780円

392,780円×貸家建付地の小規模宅地等の特例の減額割合50％＝196,390円

a＞bより、居住用宅地においてより多くの小規模宅地等の特例を適用したほうが相続税の総額は減少することがわかります。

c　小規模宅地等の特例の限度面積の判定を行います。

「限度面積要件」の判定⑪「限度面積」で判定します。事例では特定居住用宅地等及び貸付事業用宅地等を相続しますので、⑪「限度面積」のロ「小規模宅地等のうちに貸付事業用宅地等がある場合」の「特定居住用宅地等」欄に居住用宅地の総面積150㎡を記入します。

d　貸付事業用宅地等の限度面積は200㎡－「特定居住用宅地等の面積」×200/330（宅地の利用区分により限度額が違うのでその補正のための比率）になります。

150×200÷330＝90.909091

貸付事業用宅地等の限度面積は、200－90.909091＝109.090909になります。

「特定居住用宅地等」90.909091＋「貸付事業用宅地等」109.090909＝200≦200㎡

限度面積要件を満たしています。

❽「2　小規模宅地等の明細」⑥「④のうち小規模宅地等の価額」欄は、④「取得者の持分に応ずる宅地等の価額」×⑤「取得者の持分に応ずる小規模宅地等の面積」÷③「取得者の持分に応ずる宅地等の面積」になります。

a　山田花子

60,000,000円×150㎡÷150㎡＝60,000,000円

【図表 84 小規模宅地等についての課税価格の計算明細書】

○この申告書は機械で読み取りますので、黒ボールペンで記入してください。

小規模宅地等についての課税価格の計算明細書

F D 3 5 4 9

第11・11の2表の付表1（令和2年4月分以降用）

被相続人	山田 太郎

この表は、小規模宅地等の特例（租税特別措置法第69条の4第1項）の適用を受ける場合に記入します。

なお、被相続人から、相続、遺贈又は相続時精算課税に係る贈与により取得した財産のうちに、「特定計画山林の特例」の対象となり得る財産又は「個人の事業用資産についての相続税の納税猶予及び免除」の対象となり得る宅地等その他一定の財産がある場合には、第11・11の2表の付表2を、「特定事業用資産の特例」の対象となり得る財産がある場合には、第11・11の2表の付表2の2を作成します（第11・11の2表の付表2又は付表2の2を作成する場合には、この表の「1 特例の適用にあたっての同意」欄の記入を要しません。）。

（注）この表の1又は2の各欄に記入しきれない場合には、第11・11の2表の付表1(続)を使用します。

1 特例の適用にあたっての同意

この欄は、小規模宅地等の特例の対象となり得る宅地等を取得した全ての人が次の内容に同意する場合に、その宅地等を取得した全ての人の氏名を記入します。

私(私たち)は、「2 小規模宅地等の明細」の①欄の取得者が、小規模宅地等の特例の適用を受けるものとして選択した宅地等又はその一部(「2 小規模宅地等の明細」の⑤欄で選択した宅地等)の全てが限度面積要件を満たすものであることを確認の上、その取得者が小規模宅地等の特例の適用を受けることに同意します。

氏名	山田 花子	山田 一郎	

（注） 小規模宅地等の特例の対象となり得る宅地等を取得した全ての人の同意がなければ、この特例の適用を受けることはできません。

2 小規模宅地等の明細

この欄は、小規模宅地等の特例の対象となり得る宅地等を取得した人のうち、その特例の適用を受ける人が選択した小規模宅地等の明細等を記載し、相続税の課税価格に算入する価額を計算します。

「小規模宅地等の種類」欄は、選択した小規模宅地等の種類に応じて次の1～4の番号を記入します。
小規模宅地等の種類：1 特定居住用宅地等、2 特定事業用宅地等、3 特定同族会社事業用宅地等、4 貸付事業用宅地等

選択した小規模宅地等	小規模宅地等の種類（1～4の番号を記入します。）	① 特例の適用を受ける取得者の氏名〔事業内容〕 ② 所在地番 ③ 取得者の持分に応ずる宅地等の面積 ④ 取得者の持分に応ずる宅地等の価額	⑤ ③のうち小規模宅地等(「限度面積要件」を満たす宅地等)の面積 ⑥ ④のうち小規模宅地等(④×⑤/③)の価額 ⑦ 課税価格の計算に当たって減額される金額(⑥×⑨) ⑧ 課税価格に算入する価額(④−⑦)
	1	① 山田 花子〔 〕	⑤ 150.00000000 ㎡
		② 春日部市○○○3丁目570−1	⑥ 60000000 円
		③ 150.000000 ㎡	⑦ ❾ 48000000 円
		④ 60000000 円	⑧ ❿ 12000000 円
	4	① 山田 一郎〔貸家〕	⑤ 109.09090909 ㎡
		② 東京都文京区○○○1丁目430−1	⑥ 42848727 円
		③ 300.000000 ㎡	⑦ ❾ 21424363 円
		④ 117834000 円	⑧ ❿ 96409637 円
		①〔 〕	⑤ . ㎡
		②	⑥ 円
		③ . ㎡	⑦ 円
		④ 円	⑧ 円

（注）1 ①欄の「〔 〕」は、選択した小規模宅地等が被相続人等の事業用宅地等（2、3又は4）である場合に、相続開始の直前にその宅地等の上で行われていた被相続人等の事業について、例えば、飲食サービス業、法律事務所、貸家などのように具体的に記入します。

2 小規模宅地等を選択する一の宅地等が共有である場合又は一の宅地等が貸家建付地である場合において、その評価額の計算上「賃貸割合」が1でないときには、第11・11の2表の付表1（別表1）を作成します。

3 小規模宅地等を選択する宅地等が、配偶者居住権に基づく敷地利用権又は配偶者居住権の目的となっている建物の敷地の用に供される宅地等である場合には、第11・11の2表の付表1（別表1の2）を作成します。

4 ⑧欄の金額を第11表の「財産の明細」の「価額」欄に転記します。

○ 「限度面積要件」の判定

上記「2 小規模宅地等の明細」の⑤欄で選択した宅地等の全てが限度面積要件を満たすものであることを、この表の各欄を記入することにより判定します。

※の項目は記入する必要がありません。

小規模宅地等の区分	被相続人等の居住用宅地等	被相続人等の事業用宅地等		
小規模宅地等の種類	1 特定居住用宅地等	2 特定事業用宅地等	3 特定同族会社事業用宅地等	4 貸付事業用宅地等
⑨ 減額割合	80/100	80/100	80/100	50/100
⑩ ⑤の小規模宅地等の面積の合計	150.00000000 ㎡	㎡	㎡	109.09090909 ㎡
⑪ 限度面積 イ 小規模宅地等のうちに4貸付事業用宅地等がない場合	〔1の⑩の面積〕 ≦330㎡	〔2の⑩及び3の⑩の面積の合計〕 ㎡ ≦ 400㎡		
⑪ 限度面積 ロ 小規模宅地等のうちに4貸付事業用宅地等がある場合	〔1の⑩の面積〕 150.00000000 ㎡ × 200/330 +	〔2の⑩及び3の⑩の面積の合計〕 ㎡ × 200/400 +		〔4の⑩の面積〕 109.09090909 ㎡ ≦ 200㎡

（注） 限度面積は、小規模宅地等の種類（「4 貸付事業用宅地等」の選択の有無）に応じて、⑪欄（イ又はロ）により判定を行います。「限度面積要件」を満たす場合に限り、この特例の適用を受けることができます。

※税務署整理欄	年分		名簿番号		申告年月日		一連番号		グループ番号		補完	

第11・11の2表の付表1（令2.7）　　（資4−20−12−3−1−A4統一）

b　山田一郎

117,834,000 円× 109.090909㎡÷ 300㎡＝ 42,848,727 円

❾「2　小規模宅地等の明細」⑦「課税価格の計算に当たって減額される金額」欄は、

⑥「小規模宅地等の価額」

×⑨「減額割合」80/100（居住用宅地）

×⑨「減額割合」50/100（貸家建付地）

をそれぞれ記入します。

❿「2　小規模宅地等の明細」⑧「宅地等について課税価格に算入する価額」欄に、④「取得者の持分に応ずる宅地等の価額」−⑦「課税価格の計算に当たって減額される金額」をそれぞれ記入します。

(4) 第 11 表の相続税がかかる財産の明細書に転記する（図表 85 参照）

第 11 章で詳細に説明した居住用宅地等は省略し、貸家建付地を説明していきます。

① 「財産の明細」欄に記入していきます。

❶「種類」に土地と記入します。

❷「細目」に固定資産の評価証明書から登記地目「宅地」を記入します。

❸「利用区分、銘柄等」に、自己所有の土地の上に家屋を建築し、貸家として利用しているので、貸家建付地と記入します。

❹「所在場所等」に「土地及び土地の上に存する権利の評価明細書」に記入した所在地番を転記します。

❺「数量」に「土地及び土地の上に存する権利の評価明細書」に記入した地積の平米数を転記します。

❻「単価」「倍数」欄は、小規模宅地等の特例を適用しますので、「11・11 の 2 表の付表のとおり」と記入します。

❼「価額」は、前掲「小規模宅地等についての課税価格の計算明細書」で記入した⑧「課税価格に算入する価額」を記入します。

② 「分割が確定した財産」欄に、取得した人の氏名、取得財産の価額を記入します。

【図表85　第11表　相続税がかかる財産の明細書】

相続税がかかる財産の明細書

（相続時精算課税適用財産を除きます。）

被相続人　山田　太郎

第11表（令和2年4月分以降用）

○相続時精算課税適用財産の明細については、この表によらず第11の2表に記載します。

この表は、相続や遺贈によって取得した財産及び相続や遺贈によって取得したものとみなされる財産のうち、相続税のかかるものについての明細を記入します。

遺産の分割状況			
区分	①全部分割	2 一部分割	3 全部未分割
分割の日	・　・	・　・	

財産の明細							分割が確定した財産	
種類	細目	利用区分、銘柄等	所在場所等	数量 / 固定資産税評価額	単価 / 倍数	価額	取得した人の氏名	取得財産の価額
土地	宅地	自用地	春日部市○○○3丁目570－1	150.00㎡ / 円	円 11・11の2表の付表1のとおり	円 12,000,000	山田　花子	円 12,000,000
土地 ❶	宅地 ❷	貸家建付地 ❸	東京都文京区○○○1丁目430－1 ❹	❺ 300.00㎡	❻ 11・11の2表の付表1のとおり	❼ 96,409,637	② 山田　一郎	② 96,409,637
（計）						(108,409,637)		
家屋	家屋（鉄筋コンクリート造2・居宅）	自用家屋	春日部市○○○3丁目570－1	93.00㎡ / 3,674,970		3,674,970	山田　花子	3,674,970
家屋	家屋（鉄筋コンクリート造2・貸宅）	貸家	東京都文京区○○○1丁目	400.00㎡ / 19,799,495	0.7000	13,859,646	山田　一郎	13,859,646
（計）						(17,534,616)		
有価証券	その他の株式	○○建設㈱	△△証券春日部支店	10,000株	783 / 東1	7,830,000	山田　幸子	7,830,000
（計）						(7,830,000)		
現金預貯金等		現金	埼玉県春日部市○○○3丁目5番16号			450,000	山田　花子	450,000
現金預貯金等		普通預金	○○銀行○○支店			2,184,100	山田　花子	2,184,100
現金預貯金等		定期預金	○○銀行○○支店			19,808,910	山田　花子	19,808,910
（計）						(22,443,010)		
家庭用財産	その他	家具等一式	埼玉県春日部市○○○3丁目5番16号			500,000	山田　花子	500,000
（計）						(500,000)		
その他の財産	生命保険金等					9,958,490	山田　花子	9,958,490

合計表							
財産を取得した人の氏名		（各人の合計）					
分割財産の価額	①	円	円	円	円	円	円
未分割財産の価額	②						
各人の取得財産の価額（①＋②）	③						

（注）1　「合計表」の各人の③欄の金額を第1表のその人の「取得財産の価額①」欄に転記します。
2　「財産の明細」の「価額」欄は、財産の細目、種類ごとに小計及び計を付し、最後に合計を付して、それらの金額を第15表の①から㉙までの該当欄に転記します。

第11表（令2.7）　（資4－20－12－1－A4統一）

4．家屋

⑴ 第11表の相続税がかかる財産の明細書に記載する（自宅）

春日部市○○○の自宅は第11章を参照してください。

⑵ 第11表の相続税がかかる財産の明細書に記載する（貸家）（図表86参照）

① 貸家の評価については、

固定資産税評価額×（1－借家権割合30％×賃貸割合）

になります。

固定資産の評価証明書を参照し、記入していきます。

❶ 「種類」に評価証明書から「区分」を転記します。

❷ 「細目」に評価証明書から「区分」「家屋の種類」「構造」「階層」を転記します。

❸ 「利用区分、銘柄等」に、貸家と記入します。

❹ 「所在場所等」に評価証明書から「所在地番」を転記します。

❺ 「数量」に評価証明書の「床面積（㎡）」を小数点第二位まで転記します。

❻ 「固定資産税評価額」に評価証明書の「価額（円）」を記入します。

❼ 「倍数」に（1－借家権割合30％×賃貸割合）の0.7を記入します。

❽ 「価額」は、上記❻×❼の金額を転記します。（四捨五入）

② 「分割が確定した財産」欄に、取得した人の氏名、取得財産の価額を記入します。

5．有価証券

⑴ 上場株式の評価明細書に記載する（第11章参照）

⑵　第 11 表の相続税がかかる財産の明細書に転記する（第 11 章参照）

6．現金預貯金等

相続開始日の価額を第 11 表の相続税がかかる財産の明細書の現金預貯金等の欄に記載します。（第 11 章参照）

⑴　現金（第 11 章参照）

⑵　普通預金（第 11 章参照）

⑶　定期預金（第 11 章参照）

7．家庭用財産

⑴　第 11 表の相続税がかかる財産の明細書に記載する（第 11 章参照）

8．その他の財産

⑴　第 11 表の相続税がかかる財産の明細書に転記する

①　生命保険金（第 11 章参照）

②　定期金（図表 87 参照）

❶「種類」にその他の財産と記入します。

❷「細目」にもその他と記入します。

❸「利用区分、銘柄等」に、定期金の支払明細書から保証金額付終身年金、

【図表86　第11表　相続税がかかる財産の明細書】

相続税がかかる財産の明細書
（相続時精算課税適用財産を除きます。）

被相続人　山田　太郎

第11表（令和2年4月分以降用）

○相続時精算課税適用財産の明細については、この表によらず第11の2表に記載します。

この表は、相続や遺贈によって取得した財産及び相続や遺贈によって取得したものとみなされる財産のうち、相続税のかかるものについての明細を記入します。

遺産の分割状況	区分	① 全部分割	2 一部分割	3 全部未分割
	分割の日	・　・	・　・	

財産の明細							分割が確定した財産	
種類	細目	利用区分、銘柄等	所在場所等	数量 固定資産税評価額	単価 倍数	価額	取得した人の氏名	取得財産の価額
土地	宅地	自用地	春日部市○○○3丁目570－1	150.00㎡	円 11・11の2表の付表1のとおり	円 12,000,000	山田　花子	円 12,000,000
土地	宅地	貸家建付地	東京都文京区○○○1丁目430－1	300.00㎡	11・11の2表の付表1のとおり	96,409,637	山田　一郎	96,409,637
〈計〉						〈108,409,637〉		
家屋	家屋（鉄筋コンクリート造2・居宅）	自用家屋	春日部市○○○3丁目570－1	93.00㎡ 3,674,970		3,674,970	山田　花子	3,674,970
家屋 ❶	家屋 ❷（鉄筋コンクリート造2・共同住宅）	貸家 ❸	東京都文京区○○○1丁目 ❹	❺ 400.00㎡ ❻ 19,799,495	0.7000 ❼	❽ 13,859,646	② 山田　一郎	② 13,859,646
〈計〉						〈17,534,616〉		
有価証券	その他の株式	○○建設㈱	△△証券春日部支店	10,000株	783 ※1	7,830,000	山田　幸子	7,830,000
〈計〉						〈7,830,000〉		
現金預貯金等		現金	埼玉県春日部市○○○3丁目5番16号			450,000	山田　花子	450,000
現金預貯金等		普通預金	○○銀行○○支店			2,184,100	山田　花子	2,184,100
現金預貯金等		定期預金	○○銀行○○支店			[illegible]	山田　花子	[illegible]

固定資産課税台帳記載事項証明書（評価証明書）

0000000001
（　1/　1）

年度	所有者住所		所有者氏名		
令和3年	埼玉県春日部市○○○3丁目5番16号		山田　太郎		
区分	所在地 （）内は家屋番号	登記地目・課税地目 家屋の種類 備考	地積（㎡） 床面積（㎡）	建築年 構造・屋根・階層	価格（円）
土地	○○○1丁目 430－1	宅地・宅地	300.00		110,555,288
❶❷ 家屋	○○○1丁目 ❹ 430－1　（430-1-2）	共同住宅 ❷	❺ 400.00	❸ 平成10年 ❷ 鉄筋コンクリート造　2階建	❻ 19,799,495
	以下余白				

××生命保険㈱と記入します。

❹「価額」は、定期金の支払明細書の死亡一時金の支払金額合計を転記します。

❺「分割が確定した財産」欄に、取得した人の氏名、取得財産の価額を記入します。

③ 未収家賃（図表 88 参照）

❻「種類」にその他の財産と記入します。

❼「細目」にもその他と記入します。

❽「利用区分、銘柄等」に、未収家賃と記入します。

❾「所在場所等」は、貸アパートの所在地になります。

❿「価額」は相続開始時の未収家賃の金額を記入します。

⓫「分割が確定した財産」欄に、取得した人の氏名、取得財産の価額を記入します。

9．代償財産

(1) **第 11 表の相続税がかかる財産の明細書に記載する**（図表 89 参照）

⓬「種類」に代償財産と記入します。

⓭「価額」は、長男山田一郎から孫山田幸子へ 10,000,000 円の代償財産の支払いをするため、上段に△ 10,000,000 円と記入し、下段に 10,000,000 円と記入します。

⓮「分割が確定した財産」欄は、上段に取得した人の氏名、山田一郎を記入し取得財産の価額を△ 10,000,000 円と記入し、下段に取得した人の氏名、山田幸子を記入し取得財産の価額を 10,000,000 円と記入します。

【図表 87　第 11 表　相続税がかかる財産の明細書】

相続税がかかる財産の明細書

（相続時精算課税適用財産を除きます。）

被相続人	山田　太郎

第11表（令和2年4月分以降用）

○相続時精算課税適用財産の明細については、この表によらず第11の2表に記載します。

この表は、相続や遺贈によって取得した財産及び相続や遺贈によって取得したものとみなされる財産のうち、相続税のかかるものについての明細を記入します。

遺産の分割状況	区　分	1　全部分割	2　一部分割	3　全部未分割
	分割の日	・　・	・　・	

種類	細目	利用区分、銘柄等	所在場所等	数量 / 固定資産税評価額	単価 / 倍数	価額	取得した人の氏名	取得財産の価額
		財産の明細					分割が確定した財産	
その他の財産	生命保険金等			円	円	円 19,670,993	山田　一郎	円 19,670,993
	(小計)					(29,629,483)		
その他の財産 ❶	その他 ❷	保証金額付終身年金 ××生命保険㈱ ❸				❹ 17,120,000	❺ 山田　幸子	❺ 17,120,000
その他の財産	その他	未収家賃	文京区○○1丁目3番5号			538,350	山田　一郎	538,350
	(小計)					(17,658,350)		
(計)						(47,287,833)		
代償財産						△10,000,000 10,000,000	山田　一郎	△10,000,000
							山田　幸子	10,000,000
(計)						(0)		
《合計》						《204,005,096》		

合計表		(各人の合計)	山田　花子	山田　一郎	山田　幸子		
財産を取得した人の氏名							
分割財産の価額	①	円 204,005,096	円 48,576,470	円 120,478,626	円 34,950,000	円	円
未分割財産の価額	②						
各人の取得財産の価額（①＋②）	③	204,005,096	48,576,470	120,478,626	34,950,000		

（注）1　「合計表」の各人の③欄の金額を第1表のその人の「取得財産の価額①」欄に転記します。

2　「財産の明細」の「価額」欄は、財産の細目、種類ごとに小計及び計を付し、最後に合計を付して、それらの金額を第15表の①から㉚までの該当欄に転記します。

第11表（令2.7）　（資4－20－12－1－A4統一）

【図表88　第11表　相続税がかかる財産の明細書】

相続税がかかる財産の明細書

（相続時精算課税適用財産を除きます。）

被相続人	山田　太郎

第11表（令和2年4月分以降用）

○相続時精算課税適用財産の明細については、この表によらず第11の2表に記載します。

この表は、相続や遺贈によって取得した財産及び相続や遺贈によって取得したものとみなされる財産のうち、相続税のかかるものについての明細を記入します。

遺産の分割状況	区分	1 全部分割	2 一部分割	3 全部未分割
	分割の日	・　・	・　・	

財産の明細							分割が確定した財産	
種類	細目	利用区分、銘柄等	所在場所等	数量 固定資産税評価額	単価 倍数	価額	取得した人の氏名	取得財産の価額
その他の財産	生命保険金等			円	円	円 19,670,993	山田　一郎	円 19,670,993
	（小計）					(29,629,483)		
その他の財産	その他	保証金額付終身年金 ××生命保険株				17,120,000	山田　幸子	17,120,000
その他の財産 ❻	その他 ❼	未収家賃 ❽	文京区○○1丁目3番5号 ❾			❿ 538,350	⓫ 山田　一郎	⓫ 538,350
	（小計）					(17,658,350)		
（計）						(47,287,833)		
代償財産						△10,000,000 10,000,000	山田　一郎	△10,000,000
							山田　幸子	10,000,000
（計）						(0)		
《合計》						《204,005,096》		

合計表		（各人の合計）					
財産を取得した人の氏名		（各人の合計）	山田　花子	山田　一郎	山田　幸子		
分割財産の価額	①	円 204,005,096	円 48,576,470	円 120,478,626	円 34,950,000	円	円
未分割財産の価額	②						
各人の取得財産の価額（①＋②）	③	204,005,096	48,576,470	120,478,626	34,950,000		

（注）1　「合計表」の各人の③欄の金額を第1表のその人の「取得財産の価額①」欄に転記します。
2　「財産の明細」の「価額」欄は、財産の細目、種類ごとに小計及び計を付し、最後に合計を付して、それらの金額を第15表の①から㉚までの該当欄に転記します。

第11表（令2.7）　　（資4－20－12－1－A4統一）

10. 第11表「相続税がかかる財産の明細書」に合計額を記載する

(1) 財産の明細欄の合計の記入方法（図表 89 参照）

⓯ 相続税がかかる財産をすべて計上しましたので、その合計を「種類」に≪合計≫と記入し、「価額」に総合計 204,005,096 円と記入します。

(2) 合計表の記入方法（図表 89 参照）

⓰ 「合計表」「財産を取得した人の氏名」欄は左から「各人の合計」を記入し、順に相続人の氏名を記入していきます。

⓱ 「分割財産の価額」及び「各人の取得財産の価額」欄に、「各人の合計」及び各相続人ごとの取得財産の合計価額を記入します。

11. 債務及び葬式費用

(1) 債務及び葬式費用の明細書に記載する（第 11 章参照）

12. 第15表「相続財産の種類別価額表」を作成する

相続財産を相続税申告書の第 9 表、第 11 表、第 13 表に記載してきましたが、次は第 11 表と第 13 表の内容を第 15 表の「相続財産の種類別価額表」に転記します（図表 90 ～ 93 参照）。

第 15 表は、１枚目の左側に相続財産の「各人の合計」を記入し、順に相続人ごとに記入していきます。

【図表89　第11表　相続税がかかる財産の明細書】

相続税がかかる財産の明細書
（相続時精算課税適用財産を除きます。）

被相続人　山田　太郎

第11表（令和2年4月分以降用）

○相続時精算課税適用財産の明細については、この表によらず第11の2表に記載します。

この表は、相続や遺贈によって取得した財産及び相続や遺贈によって取得したものとみなされる財産のうち、相続税のかかるものについての明細を記入します。

遺産の分割状況	区分	1 全部分割	2 一部分割	3 全部未分割
	分割の日	・　・	・　・	

種類	細目	利用区分、銘柄等	所在場所等	数量 / 固定資産税評価額	単価 / 倍数	価額	取得した人の氏名	取得財産の価額
その他の財産	生命保険金等			円	円	円 19,670,993	山田　一郎	円 19,670,993
	（小計）					(29,629,483)		
その他の財産	その他	保証金額付終身年金 ××生命保険㈱				17,120,000	山田　幸子	17,120,000
その他の財産	その他	未収家賃	文京区○○1丁目3番5号			538,350	山田　一郎	538,350
	（小計）					(17,658,350)		
〔計〕						(47,287,833)		
代償財産 ⓬						△10,000,000 ⓭ 10,000,000	⓮ 山田　一郎	△10,000,000
							⓮ 山田　幸子	10,000,000
〔計〕						(0)		
《合計》 ⓯						⓯ 《204,005,096》		
			⓰					

合計表		(各人の合計)					
財産を取得した人の氏名		(各人の合計)	山田　花子	山田　一郎	山田　幸子		
分割財産の価額	①	円 204,005,096	円 48,576,470	円 120,478,626	円 34,950,000	円	円
未分割財産の価額	②					⓱	
各人の取得財産の価額（①＋②）	③	204,005,096	48,576,470	120,478,626	34,950,000		

（注）1 「合計表」の各人の③欄の金額を第1表のその人の「取得財産の価額①」欄に転記します。
2 「財産の明細」の「価額」欄は、財産の細目、種類ごとに小計及び計を付し、最後に合計を付して、それらの金額を第15表の①から㉚までの該当欄に転記します。

第11表（令2.7）　（資4−20−12−1−A4統一）

⑴ 第 11 表から転記される項目

① 土地

❶ 第 11 表の「財産の明細」欄の「細目」宅地「利用区分」自用地、価額 12,000,000 円を、自宅を相続する妻山田花子の第 15 表の「土地」「宅地③」欄と「計⑥」に転記します。

❷ 第 11 表の「財産の明細」欄の「細目」宅地「利用区分」貸家建付地、価額 96,409,637 円を、貸家建付地を相続する長男山田一郎の第 15 表の「土地」「宅地③」欄と「計⑥」に転記します。

❸ 「各人の合計」欄に上記❶+❷の合計額を記入します。

② 家屋

❹ 第 11 表の「財産の明細」欄の「細目」家屋「利用区分」自用家屋、価額 3,674,970 円を、第 15 表の自宅を相続する妻山田花子の「家屋等⑩」欄に転記します。

❺ 第 11 表の「財産の明細」欄の「細目」家屋「利用区分」貸家、価額 13,859,646 円を、第 15 表の貸家を相続する長男山田一郎の「家屋等⑩」欄に転記します。

❻ 「各人の合計」欄に上記❹+❺の合計額を記入します。

③ 有価証券

第 11 表の「財産の明細」欄の「細目」その他の株式、価額 7,830,000 円を、第 15 表の有価証券を相続する孫山田幸子と「各人の合計」欄それぞれに「有価証券」「⑰及び⑱以外の株式及び出資⑲」欄と「計㉒」に転記します。

④ 現金預貯金等

第 11 表の「財産の明細」欄の現金及び預金の合計価額 22,443,010 円を第 15 表の現金預貯金等を相続する妻山田花子と「各人の合計」欄それぞれの「現金、預貯金等㉓」欄に転記します。

⑤ 家庭用財産

第 11 表の「財産の明細」欄の「細目」その他、価額 500,000 円を第 15 表の家庭用財産を相続する妻山田花子と「各人の合計」欄それぞれの「家庭用財産㉔」欄に転記します。

【図表 90　第 15 表　相続財産の種類別価額表】

相続財産の種類別価額表（この表は、第11表から第14表までの記載に基づいて記入します。）

F D 3 5 3 9

第15表（令和2年4月分以降用）

○この申告書は機械で読み取りますので、黒ボールペンで記入して

（単位は円）

種類	細目	番号	被相続人　山田　太郎 各人の合計	（氏名）山田　花子
※	整理番号		被相続人	
土地（土地の上に存する権利を含みます。）	田	①		
	畑	②		
	宅地	③	❸ 108409637	❶ 12000000
	山林	④		
	その他の土地	⑤		
	計	⑥	❸ 108409637	❶ 12000000
	③のうち配偶者居住権に基づく敷地利用権	⑦		
	⑥のうち特例農地等　通常価額	⑧		
	⑥のうち特例農地等　農業投資価格による価額	⑨		
家屋等		⑩	❻ 17534616	❹ 3674970
	⑩のうち配偶者居住権	⑪		
事業（農業）	機械、器具、農耕具、その他の減価償却資産	⑫		
	商品、製品、半製品、原材料、農産物等	⑬		
	売掛金	⑭		

【図表 91　第 15 表（続）　相続財産の種類別価額表】

相続財産の種類別価額表（続）（この表は、第11表から第14表までの記載に基づいて記入します。）

F D 3 5 4 0

第15表(続)（令和2年4月分以降用）

○この申告書は機械で読み取りますので、黒ボールペンで記入してください。

（単位は円）

種類	細目	番号	被相続人　山田　太郎 （氏名）山田　一郎	（氏名）山田　幸子
※	整理番号			
土地（土地の上に存する権利を含みます。）	田	①		
	畑	②		
	宅地	③	❷ 96409637	
	山林	④		
	その他の土地	⑤		
	計	⑥	❷ 96409637	
	③のうち配偶者居住権に基づく敷地利用権	⑦		
	⑥のうち特例農地等　通常価額	⑧		
	⑥のうち特例農地等　農業投資価格による価額	⑨		
家屋等		⑩	❺ 13859646	
	⑩のうち配偶者居住権	⑪		
事業（農業）用財産	機械、器具、農耕具、その他の減価償却資産	⑫		
	商品、製品、半製品、原材料、農産物等	⑬		
	売掛金	⑭		
	その他の財産	⑮		
	計	⑯		
特定同族	配当還元方式	⑰		

【図表 92　第 15 表　相続財産の種類別価額表】

相続財産の種類別価額表（この表は、第11表から第14表までの記載に基づいて記入します。）

FD3539

(単位は円)

種類	細目	番号	被相続人　山田　太郎 各人の合計	(氏名)　山田　花子
※	整理番号		被相続人	
土地（土地の上に	田	①		
	畑	②		
	宅地	③	108409637	12000000
	山林	④		
券	証券投資信託、貸付信託の受益証券	㉑		
	計	㉒	7830000	
現金、預貯金等		㉓	22443010	22443010
家庭用財産		㉔	500000	500000
その他の財産	生命保険金等	㉕	❾ 29629483	❼ 9958490
	退職手当金等	㉖		
	立木	㉗		
	その他 代償財産	㉘	❿ ⓫ 17658350 / 0	
	計	㉙	⓬ 47287833	⓬ 9958490
合計（⑥+⑩+⑯+㉒+㉓+㉔+㉙）		㉚	⑪ 204005096	⑪ 48576470
相続時精算課税適用財産の価額		㉛		
不動産等の価額（⑥+⑩+⑫+⑰+⑱+㉗）		㉜	⑫ 125944253	⑫ 15674970
債務等	債務	㉝	345900	345900
	葬式費用	㉞	3271800	3271800
	合計（㉝+㉞）	㉟	3617700	3617700
差引純資産価額（㉚+㉛−㉟）（赤字のときは0）		㊱	200387396	44958770
純資産価額に加算される暦年課税分の贈与財産価額		㊲		
課税価格（㊱+㊲）（1,000円未満切捨て）		㊳	200386000	44958000

○この申告書は

※の項目は記入する必要がありません。

第15表（令

⑥　その他の財産（生命保険金等）

❼　第 11 表の「財産の明細」欄の「細目」生命保険金等、価額 9,958,490 円を、第 15 表の相続する妻山田花子の「その他の財産」「生命保険金等㉕」欄に転記します。

❽　第 11 表の「財産の明細」欄の「細目」生命保険金等、価額 19,670,993 円を、第 15 表の相続する長男山田一郎の「その他の財産」「生命保険金等㉕」欄に転記します。

❾「各人の合計」欄に上記❼＋❽の合計額を記入します。

⑦　その他の財産（定期金）

第 11 表の「財産の明細」欄の「その他」「利用区分」保証金額付終身年金、価額 17,120,000 円を、第 15 表の相続する孫山田幸子の「その他の財産」「その他㉘」欄の上段に転記します。

⑧　その他の財産（未収家賃）

第 11 表の「財産の明細」欄の「その他」「利用区分」未収家賃、価額 538,350 円を、第 15 表の相続する長男山田一郎の「その他の財産」「その他㉘」欄の上段に転記します。

⑨　その他の財産（代償財産）

第 11 表の「財産の明細」欄の「代償財産」から、代償財産を支払う長男山田一郎は第 15 表の長男山田一郎の「その他の財産」「その他代償財産㉘」欄の下段に△ 10,000,000 円と記入し、代償財産を受け取る孫山田幸子は第 15 表の孫山田幸子の「その他の財産」「その他の代償財産㉘」欄の下段に 10,000,000 円と記入します。

⑩　その他の財産（合計記入）

❿　その他の財産の定期金と未収家賃の合計を第 15 表の「各人の合計」の「その他代償財産㉘」の上段に記入します。

⓫　代償財産の合計は差引 0 円になりますので、第 15 表の「各人の合計」の「その他代償財産㉘」の下段に 0 円と記入します。

⓬「その他の財産」の「計㉙」欄に、「各人の合計」及び相続人ごとの「その他の財産」の合計額を記入します。

⑪　上記①から⑩の合計額を「各人の合計」及び相続人ごとに第 15 表の㉚

合計欄に記入します。

⑫　不動産等の価額として、「各人の合計」及び相続人ごとに第15表の㉜欄に土地及び家屋の合計額を記入します。

⑵　第13表から転記される項目（第11章参照）

⑶　課税価格

①　第11表の合計額から第13表の合計額を差し引いた純資産価額を「各人の合計」及び相続人ごとに第15表の㊱欄に記入します。

②　第15表の㊱欄から1,000円未満を切捨てた価格が「各人の合計」及び相続人ごとの「課税価格㊳」になります。

13. 第1表「相続税の申告書」、第2表「相続税の総額の計算書」及び第5表「配偶者の税額軽減額の計算書」を作成する

⑴　第1表（課税価格の計算欄まで）（図表94、95参照）

❶　相続開始年月日を記載します。

❷　被相続人及び相続人の氏名、生年月日、住所、職業、相続人は被相続人との続柄を記入します。

❸　取得原因欄はそれぞれ「相続」に○を付けます。

❹　課税価格の計算欄の「取得財産の価額①」は第1 1表の「各人の取得財産の価額③」の合計額を転記します。

❺　課税価格の計算欄の「債務及び葬式費用の金額③」は第13表の「債務及び葬式費用の合計額⑦」を「各人の合計」及び山田花子の欄に転記します。

❻　課税価格の計算欄の「純資産価額④」はそれぞれ上記❹から❺を差し引いた金額になります。

❼　課税価格の計算欄の課税価格はそれぞれ上記❻の1,000円未満を切

捨てた金額になり、この数字は第15表の「課税価格㊳」と一致することになります。

(2) 第2表（図表96参照）

第2表は、第1表で算出した課税価格の合計額から相続税の総額を計算する書類になります。

❶ 課税価格の合計額欄に第1表の「課税価格⑥」の合計額を転記します。

❷ 遺産に係る基礎控除額欄に法定相続人数を記入し、基礎控除額を計算します。

事例では、3,000万円＋600万円×3人＝4,800万円になります。

❸ 課税遺産総額は上記❶の課税価格の合計額から❷の遺産に係る基礎控除額を引いた金額になります。

❹ 相続税の総額の計算方法は、実際の遺産分割にかかわらず法定相続分で課税遺産総額をあん分します。この事例においての法定相続分は、妻の山田花子が1/2、子の山田一郎及び代襲相続人の孫の山田幸子がそれぞれ1/4ずつになります。

a 妻山田花子の法定相続分に応ずる取得金額及び相続税の総額の基となる税額の計算方法

152,386,000円（課税遺産総額）×1/2（法定相続分）＝76,193,000円（1,000円未満は切捨て）。よって、妻の法定相続分に応ずる取得価額は、76,193,000円となります。

相続税の速算表を見れば、法定相続分に応ずる取得金額が100,000千円以下に該当しますので、税率が30%、控除額が7,000千円になります。

76,193,000円（法定相続分に応ずる取得金額）×30%（税率）－7,000,000円（控除額）＝15,857,900円（相続税の総額の基となる税額）

b 山田一郎及び山田幸子の法定相続分に応ずる取得金額及び相続税の総額の基となる税額の計算

152,386,000円（課税遺産総額）×1/4（法定相続分）＝

【図表 93　第 15 表（続）　相続税の申告書（続）】

相続財産の種類別価額表　（この表は、第11表から第14表までの記載に基づいて記入します。）　F D 3 5 3 9

（単位は円）　被相続人　山田　太郎

種類	細目	番号	各人の合計	（氏名）山田　花子
※	整理番号		被相続人	
土地（土地の上に…）	田	①		
	畑	②		
	宅地	③	108409637	12000000
	山林	④		
券	証券投資信託、貸付信託の受益証券	㉑		
	計	㉒	7830000	
現金、預貯金等		㉓	22443010	22443010
家庭用財産		㉔	500000	500000
その他の財産	生命保険金等	㉕	❾ 29629483	❼ 9958490
	退職手当金等	㉖		
	立木	㉗		
	その他 代償財産	㉘	❿⓫ 176583500	
	計	㉙	⓬ 47287833	⓬ 9958490
合計（⑥+⑩+⑯+㉒+㉓+㉔+㉙）		㉚	⑪ 204005096	⑪ 48576470

○この申告書は

【図表 94　第 1 表　相続税の申告書】

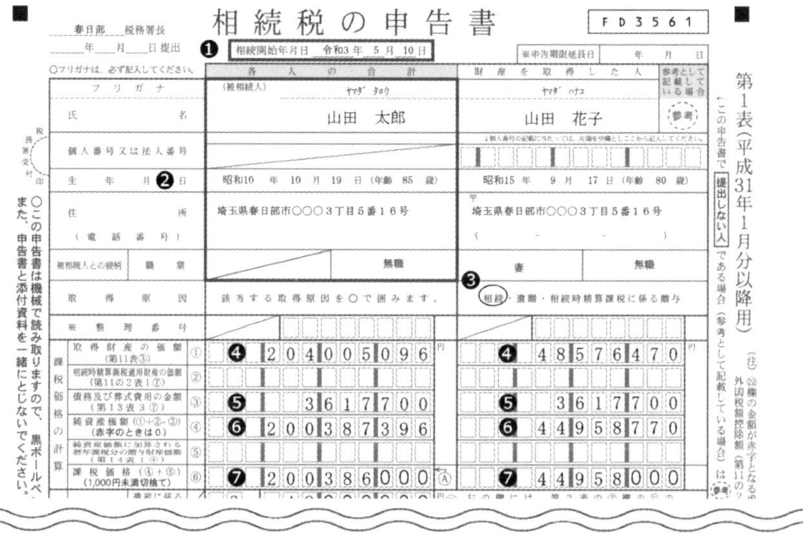

相続税の申告書　F D 3 5 6 1

春日部　税務署長
　　年　　月　　日提出　❶ 相続開始年月日　令和3年　5月　10日
※申告期限延長日　　年　　月　　日

○フリガナは、必ず記入してください。

	各人の合計	財産を取得した人
フリガナ	（被相続人）ﾔﾏﾀﾞ ﾀﾛｳ	ﾔﾏﾀﾞ ﾊﾅｺ
氏名	山田　太郎	山田　花子
個人番号又は法人番号		
生年月日 ❷	昭和10年　10月　19日（年齢　85歳）	昭和15年　9月　17日（年齢　80歳）
住所（電話番号）	埼玉県春日部市○○○3丁目5番16号	〒 埼玉県春日部市○○○3丁目5番16号
被相続人との続柄／職業	無職	妻／無職
取得原因	該当する取得原因を○で囲みます。	❸（相続）・遺贈・相続時精算課税に係る贈与
※整理番号		
課税価格の計算 取得財産の価額（第11表③）①	❹ 204005096	❹ 48576470
相続時精算課税適用財産の価額（第11の2表1⑦）②		
債務及び葬式費用の金額（第13表3⑦）③	❺ 3617700	❺ 3617700
純資産価額（①+②−③）（赤字のときは0）④	❻ 200387396	❻ 44958770
純資産価額に加算される暦年課税分の贈与財産価額（第14表1④）⑤		
課税価格（④+⑤）（1,000円未満切捨て）⑥	❼ 200386000 Ⓐ	❼ 44958000

○この申告書は機械で読み取りますので、黒ボールペンで記入してください。
また、申告書と添付資料を一緒にとじないでください。

第1表（平成31年1月分以降用）

←この申告書で提出しない人である場合（参考として記載している場合）は（参考）

【図表 95　第 1 表（続）　相続税の申告書（続）】

相続税の申告書(続)　FD3562

第1表（続）（平成31年1月分以降用）

○この申告書は機械で読み取りますので、黒ボールペンで記入してください。

○フリガナは、必ず記入してください。

項目	財産を取得した人	財産を取得した人
※申告期限延長日	年　月　日	年　月　日
フリガナ	ﾔﾏﾀﾞ ｲﾁﾛｳ	ﾔﾏﾀ ｻﾁｺ
氏名	山田　一郎	山田　幸子
個人番号又は法人番号		
生年月日 ❷	昭和40年3月24日（年齢56歳）	平成3年5月1日（年齢30歳）
住所（電話番号）	〒 東京都文京区○○○1丁目2番3号	〒 千葉県市川市○○○6丁目3番1号
被相続人との続柄	長男	孫
職業	会社員	無職
取得原因	❸ 相続・遺贈・相続時精算課税に係る贈与	❸ 相続・遺贈・相続時精算課税に係る贈与
※整理番号		
課税価格の計算　取得財産の価額（第11表③）①	❹ 120478626	❹ 34950000
相続時精算課税適用財産の価額（第11の2表1⑦）②		
債務及び葬式費用の金額（第13表3⑦）③		
純資産価額（①+②-③）（赤字のときは0）④	❻ 120478626	❻ 34950000
純資産価額に加算される暦年課税分の贈与財産価額（第14表1④）⑤		
課税価格（④+⑤）（1,000円未満切捨て）⑥	❼ 120478000	❼ 34950000
各人　法定相続人の数　遺産に係る基礎控除額		
相続税の総額 ⑦		

←この申告書で提出しない人である場合（参考として記載している場合）は（参考）を○…

（注）㉒欄の金額が赤…外国税額控除額…

38,096,000 円（1,000 円未満は切捨て）。よって、子及び代襲相続人である孫の法定相続分に応ずる取得金額は、38,096,000 円となります。

相続税の速算表を見れば、法定相続分に応ずる取得金額が 50,000 千円以下に該当しますので、税率が 20％、控除額が 2,000 千円になります。

38,096,000 円（法定相続分に応ずる取得金額）× 20％（税率）－ 2,000,000 円（控除額）＝ 5,619,200 円（相続税の総額の基となる税額）

c　上記❶及び❷で計算した相続税の総額の基となる税額を合算し、相続税の総額を計算します。

山田花子分 15,857,900 円＋山田一郎分 5,619,200 円＋山田幸子分 5,619,200 円＝ 27,096,300 円が、相続税の総額となります。

【図表96　第2表　相続税の総額の計算書】

相続税の総額の計算書

被相続人　山田　太郎

第2表（平成27年分以降用）

この表は、第1表及び第3表の「相続税の総額」の計算のために使用します。
なお、被相続人から相続、遺贈や相続時精算課税に係る贈与によって財産を取得した人のうちに農業相続人がいない場合は、この表の㋭欄及び㋬欄並びに⑨欄から⑪欄までは記入する必要がありません。

① 課税価格の合計額		② 遺産に係る基礎控除額		③ 課税遺産総額	
㋑（第1表⑥Ⓐ）	❶ 200,386,000円	❷ 3,000万円＋(600万円×Ⓐの法定相続人の数 3人)＝	㋩ 4,800万円	㋥（㋑－㋩）	❸ 152,386,000円
㋭（第3表⑥Ⓐ）	,000	㋺の人数及び㋩の金額を第1表Ⓑへ転記します。		㋬（㋭－㋩）	,000

④ 法定相続人（(注) 1参照） 氏名 ❹a	被相続人との続柄	⑤ 左の法定相続人に応じた法定相続分	第1表の「相続税の総額⑦」の計算 ⑥ 法定相続分に応ずる取得金額（㋥×⑤）(1,000円未満切捨て)	⑦ 相続税の総額の基となる税額（下の「速算表」で計算します。）	第3表の「相続税の総額⑦」の計算 ⑨ 法定相続分に応ずる取得金額（㋬×⑤）(1,000円未満切捨て)	⑩ 相続税の総額の基となる税額（下の「速算表」で計算します。）
山田　花子	妻	1／2	76,193,000円	15,857,900円	,000円	円
山田　一郎	長男	1／4	38,096,000	5,619,200	,000	
山田　幸子	孫	1／4	38,096,000	5,619,200	,000	
			,000		,000	
			,000		,000	
			,000		,000	
			,000		,000	
			,000		,000	
			,000		,000	
法定相続人の数	Ⓐ 3人	合計 1	⑧ 相続税の総額（⑦の合計額）(100円未満切捨て)	❹c 27,096,300	⑪ 相続税の総額（⑩の合計額）(100円未満切捨て)	00

❹b

（注）1　④欄の記入に当たっては、被相続人に養子がある場合や相続の放棄があった場合には、「相続税の申告のしかた」をご覧ください。
2　⑧欄の金額を第1表⑦欄へ転記します。財産を取得した人のうちに農業相続人がいる場合は、⑧欄の金額を第1表⑦欄へ転記するとともに、⑪欄の金額を第3表⑦欄へ転記します。

○この表を修正申告書の第2表として使用するときは、㋑欄には修正申告書第1表の㋺欄の⑥Ⓐの金額を記入し、㋭欄には修正申告書第3表の1の㋺欄の⑥Ⓐの金額を記入します。

相続税の速算表

法定相続分に応ずる取得金額	10,000千円以下	30,000千円以下	50,000千円以下	100,000千円以下	200,000千円以下	300,000千円以下	600,000千円以下	600,000千円超
税率	10%	15%	20%	30%	40%	45%	50%	55%
控除額	－千円	500千円	2,000千円	7,000千円	17,000千円	27,000千円	42,000千円	72,000千円

この速算表の使用方法は、次のとおりです。
⑥欄の金額×税率－控除額＝⑦欄の税額　　⑨欄の金額×税率－控除額＝⑩欄の税額
例えば、⑥欄の金額30,000千円に対する税額（⑦欄）は、30,000千円×15%－500千円＝4,000千円です。

○連帯納付義務について
相続税の納税については、各相続人等が相続、遺贈や相続時精算課税に係る贈与により受けた利益の価額を限度として、お互いに連帯して納付しなければならない義務があります。

第2表（平27.7）　　（資4－20－3－A4統一）

⑶　第１表（各人の算出税額の計算）（図表 97 ～ 100 参照）

第１表の「各人の算出税額の計算」に記入します。

❽　第２表の②遺産に係る基礎控除額と法定相続人の人数を第１表の「各人の算出税額の計算」欄に転記します。

❾　第２表の⑧相続税の総額を第１表の「各人の算出税額の計算」「相続税の総額」に記入します。

❿　「あん分割合」は、「財産を取得した各人の課税価格」÷「財産を取得した各人の合計」になります。

a　山田花子

44,958,000 ÷ 200,386,000 ＝ 0.22435……小数点第５位を四捨五入し、0.2244

「各人の算出税額の計算」妻山田花子の「あん分割合⑧」欄へ記入します。

b　山田一郎

120,478,000 ÷ 200,386,000 ＝ 0.60122……小数点第５位を四捨五入し、0.6012

「各人の算出税額の計算」山田一郎の「あん分割合⑧」欄へ記入します。

c　山田幸子

34,950,000 ÷ 200,386,000 ＝ 0.17441……小数点第５位を四捨五入し、0.1744

「各人の算出税額の計算」孫山田幸子欄「あん分割合⑧」欄へ記入します。

⓫　算出税額は、「相続税の総額⑦」×「財産を取得した各人の「あん分割合⑧」になります。

a　山田花子

27,096,300 × 0.2244 ＝ 6,080,411（端数集約）

「各人の算出税額の計算」妻山田花子の「算出税額⑨」欄へ記入します。

b　山田一郎

27,096,300 × 0.6012 ＝ 16,290,295

「各人の算出税額の計算」長男一郎の「算出税額⑨」欄へ記入します。

c　山田幸子

27,096,300 × 0.1744 ＝ 4,725,594

【図表 97　相続税の申告書】

相続税の申告書

FD3561

春日部　税務署長

＿年＿月＿日提出

相続開始年月日　令和3年　5月　10日

※申告期限延長日　年　月　日

○フリガナは、必ず記入してください。

		各人の合計		財産を取得した人		参考として記載している場合
フリガナ		(被相続人)　ﾔﾏﾀﾞ ﾀﾛｳ		ﾔﾏﾀﾞ ﾊﾅｺ		
氏名		山田　太郎		山田　花子		参考
個人番号又は法人番号				↓個人番号の記載に当たっては、左端を空欄としここから記入してください。		
生年月日		昭和10年　10月　19日（年齢　85歳）		昭和15年　9月　17日（年齢　80歳）		
住所（電話番号）		埼玉県春日部市○○○3丁目5番16号		〒 埼玉県春日部市○○○3丁目5番16号（　－　－　）		
被相続人との続柄	職業		無職	妻	無職	
取得原因		該当する取得原因を○で囲みます。		(相続)・遺贈・相続時精算課税に係る贈与		
※整理番号						

			各人の合計		財産を取得した人
課税価格の計算	取得財産の価額（第11表③）	①	204005096 円		48576470 円
	相続時精算課税適用財産の価額（第11の2表1⑦）	②			
	債務及び葬式費用の金額（第13表3⑦）	③	3617700		3617700
	純資産価額（①+②-③）（赤字のときは0）	④	200387396		44958770
	純資産価額に加算される暦年課税分の贈与財産価額（第14表1④）	⑤			
	課税価格（④+⑤）（1,000円未満切捨て）	⑥	200386000 Ⓐ		44958000
各人の算出税額	法定相続人の数　遺産に係る基礎控除額		❽ 3人　48000000 円 Ⓑ		左の欄には、第2表の②欄の⑪の人数及び㋑の金額を記入します。
	相続税の総額	⑦	❾ 27096300		左の欄には、第2表の⑧欄の金額を記入します。
	一般の場合（⑳の場合を除く） あん分割合（各人の⑥/Ⓐ）	⑧	1.00		0.2244 ❿a
	算出税額（⑦×各人の⑧）	⑨	27096300 円		6080411 円

税務署受付印

○この申告書は機械で読み取りますので、黒ボールペンで記入してくだ（さい。）
また、申告書と添付資料を一緒にとじないでください。

第1表（平成31年1月分以降用）

←この申告書で提出しない人である場合（参考として記載している場合）は 参考 を○で囲んでくだ（さい。）

（注）㉒欄の金額が赤字となる場合は、㉒欄の左端に△を付してください。なお、この場合で、㉒欄の金額のうちに外国税額控除額（第11の2表1⑨）があるとき（は…）

【図表 98　相続税の申告書（続）】

相続税の申告書(続)

FD3562

第1表（続）（平成31年1月分以降用）

○この申告書は機械で読み取りますので、黒ボールペンで記入してください。

○フリガナは、必ず記入してください。

			※申告期限延長日　年　月　日		※申告期限延長日　年　月　日	
			財産を取得した人	参考として記載している場合	財産を取得した人	参考として記載している場合
フリガナ			ﾔﾏﾀﾞ ｲﾁﾛｳ		ﾔﾏﾀ ｻﾁｺ	
氏名			山田　一郎	参考	山田　幸子	参考
個人番号又は法人番号			↓個人番号の記載に当たっては、左端を空欄としここから記入してください。		↓個人番号の記載に当たっては、左端を空欄としここから記入してください。	
生年月日			昭和40年　3月　24日（年齢　56歳）		平成3年　5月　1日（年齢　30歳）	
住所（電話番号）			〒 東京都文京区○○○1丁目2番3号 （　－　－　）		〒 千葉県市川市○○○6丁目3番1号 （　－　－　）	
被相続人との続柄 / 職業			長男	会社員	孫	無職
取得原因			(相続)・遺贈・相続時精算課税に係る贈与		(相続)・遺贈・相続時精算課税に係る贈与	
※整理番号						
課税価格の計算	取得財産の価額（第11表③）	①	120478626円		34950000円	
	相続時精算課税適用財産の価額（第11の2表1⑦）	②				
	債務及び葬式費用の金額（第13表3⑦）	③				
	純資産価額（①＋②－③）（赤字のときは0）	④	120478626		34950000	
	純資産価額に加算される暦年課税分の贈与財産価額（第14表1④）	⑤				
	課税価格（④＋⑤）（1,000円未満切捨て）	⑥	120478000		34950000	
各人の算出税額	法定相続人の数 / 遺産に係る基礎控除額					
	相続税の総額	⑦				
	一般の場合（⑩の場合を除く） あん分割合（各人の⑥／④）	⑧	0.6012　⑩b		0.1744　⑩b	
	算出税額（⑦×各人の⑧）	⑨	16290295円		4725594円	

←この申告書で提出しない人である場合（参考として記載している場合）は 参考 を○で囲んでください。

（注）㉒欄の金額が赤字となる場合…外国税額控除額（第11の2表…

【図表 99　相続税の申告書】

相続税の申告書

FD3561

春日部　税務署長

＿年＿月＿日提出

相続開始年月日　令和3年　5月　10日

※申告期限延長日　年　月　日

○フリガナは、必ず記入してください。

項目	各人の合計	財産を取得した人
フリガナ	（被相続人）ﾔﾏﾀﾞ ﾀﾛｳ	ﾔﾏﾀﾞ ﾊﾅｺ
氏名	山田　太郎	山田　花子
個人番号又は法人番号		↓個人番号の記載に当たっては、左端を空欄としここから記入してください。
生年月日	昭和10　年　10　月　19　日（年齢　85　歳）	昭和15　年　9　月　17　日（年齢　80　歳）
住所（電話番号）	埼玉県春日部市〇〇〇3丁目5番16号	〒 埼玉県春日部市〇〇〇3丁目5番16号（　－　－　）
被相続人との続柄／職業	無職	妻／無職
取得原因	該当する取得原因を〇で囲みます。	（相続）・遺贈・相続時精算課税に係る贈与
※整理番号		

参考として記載している場合　（参考）

区分	項目	番号	各人の合計	財産を取得した人
課税価格の計算	取得財産の価額（第11表③）	①	204005096 円	48576470 円
	相続時精算課税適用財産の価額（第11の2表1⑦）	②		
	債務及び葬式費用の金額（第13表3⑦）	③	3617700	3617700
	純資産価額（①+②-③）（赤字のときは0）	④	200387396	44958770
	純資産価額に加算される暦年課税分の贈与財産価額（第14表1④）	⑤		
	課税価格（④+⑤）（1,000円未満切捨て）	⑥	200386000 Ⓐ	44958000
各人の算出税額の計算	法定相続人の数／遺産に係る基礎控除額		3人　48000000 円 Ⓑ	左の欄には、第2表の②欄の㋺の人数及び㋥の金額を記入します。
	相続税の総額	⑦	27096300	左の欄には、第2表の⑧欄の金額を記入します。
	一般の場合（⑨の場合を除く）　あん分割合（各人の⑥／Ⓐ）	⑧	1.00	0.2244
	算出税額（⑦×各人の⑧）	⑨	⓫　27096300 円	⓫a　6080411 円
	農地等納税猶予の適用を受ける場合　算出税額	⑩		

○この申告書は機械で読み取りますので、黒ボールペンで記入してくださ
また、申告書と添付資料を一緒にとじないでください。

第1表（平成31年1月分以降用）

←この申告書で提出しない人である場合（参考として記載している場合）は（参考）を〇で囲んでくださ

（注）㉒欄の金額が赤字となる場合は、㉒欄の左端に外国税額控除額（第11の2表1⑨）があるときの

【図表100　相続税の申告書（続）】

相続税の申告書(続)

FD3562

○この申告書は機械で読み取りますので、黒ボールペンで記入してください。

		※申告期限延長日　年　月　日		※申告期限延長日　年　月　日	
○フリガナは、必ず記入してください。		財産を取得した人	参考として記載している場合	財産を取得した人	参考として記載している場合
フリガナ		ﾔﾏﾀﾞ ｲﾁﾛｳ		ﾔﾏﾀﾞ ｻﾁｺ	
氏名		山田　一郎	参考	山田　幸子	参考
個人番号又は法人番号		↓個人番号の記載に当たっては、左端を空欄としここから記入してください。		↓個人番号の記載に当たっては、左端を空欄としここから記入してください。	
生年月日		昭和40年 3月 24日（年齢 56歳）		平成3年 5月 1日（年齢 30歳）	
住所（電話番号）		〒 東京都文京区○○○1丁目2番3号（　－　－　）		〒 千葉県市川市○○○6丁目3番1号（　－　－　）	
被相続人との続柄	職業	長男	会社員	孫	無職
取得原因		(相続)・遺贈・相続時精算課税に係る贈与		(相続)・遺贈・相続時精算課税に係る贈与	
※整理番号					
課税価格の計算	取得財産の価額（第11表③）①	120478626円		34950000円	
	相続時精算課税適用財産の価額（第11の2表1⑦）②				
	債務及び葬式費用の金額（第13表3⑦）③				
	純資産価額（①+②-③）（赤字のときは0）④	120478626		34950000	
	純資産価額に加算される暦年課税分の贈与財産価額（第14表1④）⑤				
	課税価格（④+⑤）（1,000円未満切捨て）⑥	120478000		34950000	
各人の算出税額	法定相続人の数／遺産に係る基礎控除額				
	相続税の総額⑦				
	一般の場合（⑩の場合を除く）あん分割合（各人の⑥／Ⓐ）⑧	0.6012		0.1744	
	算出税額（⑦×各人の⑧）⑨	⑪b 16290295円		⑪c 4725594円	

第1表（続）（平成3年1月分以降用）

←この申告書で提出しない人である場合（参考として記載している場合）は参考を○で囲んでください

外国税額控除額（第11の2表

「各人の算出税額の計算」孫山田幸子の「算出税額⑨」欄へ記入します。

通常、相続によって財産を取得した人が被相続人の一親等の血族及び配偶者以外の人である場合には、その人の相続税額にその相続税額の2割に該当する金額が加算されます。

孫山田幸子は、二親等の血族ですが、被相続人山田太郎の実子で、父である山田次郎が死亡しているために代襲相続人となります。

代襲相続人となる直系卑属の孫は、この相続税の2割加算の対象外となるため、孫山田幸子に相続税を2割加算する必要はありません。

(4) 第5表（図表101参照）

第5表は、配偶者の税額軽減の計算を行う書類になります。

第1表で計算した課税価格の合計額200,386,000円から配偶者の法定相続分1／2を乗じますと100,193,000円になり、この金額が配偶者の法定相続分相当額になります。配偶者の税額軽減は、法定相続分か1億6,000万円のいずれか大きいほうまでの財産を配偶者が取得しても相続税を課さないという制度ですので、この事例では1億6,000万円が適用されます。

❶ 「①分割財産の価額」欄に第11表の「分割財産の価額①」の配偶者の分割財産の価額を記入します。

❷ 「分割財産の価額から控除する債務及び葬式費用の金額」欄の②④に第1表「債務及び葬式費用の金額③」の配偶者分を記入します。

❸ 配偶者の税額軽減額を計算する場合の課税価格は、上記❶－❷から1,000円未満を切り捨てた金額になります。

❹ 「⑦相続税の総額」欄に第1表の「相続税の総額⑦」の金額を記入します。

❺ 第5表の⑧に1億6,000万円と課税価格のいずれか少ないほうの金額、事例であれば44,958,000円を記入します。

❻ 「課税価格の合計額⑨」欄に第1表のⒶの金額を記入します。

❼ 「⑩配偶者の税額軽減の基となる金額」は、「⑦相続税の総額」×「⑧1億6,000万円と課税価格のいずれか少ないほうの金額」÷「⑨課税価格の合計額」になりますので、この事例であれば、「⑦相続税の総額」27,096,300円×「⑧1億6,000万円と課税価格のいずれか少ないほう

【図表101　第5表　配偶者の税額軽減額の計算書】

配偶者の税額軽減額の計算書

被相続人	山田　太郎

第5表（平成21年4月分以降用）

私は、相続税法第19条の2第1項の規定による配偶者の税額軽減の適用を受けます。

1　一般の場合（この表は、①被相続人から相続、遺贈や相続時精算課税に係る贈与によって財産を取得した人のうちに農業相続人がいない場合又は②配偶者が農業相続人である場合に記入します。）

課税価格の合計額のうち配偶者の法定相続分相当額	（第1表のⒶの金額）〔配偶者の法定相続分〕 200,386,000円 × 1/2 = 100,193,000円 上記の金額が16,000万円に満たない場合には、16,000万円	㋑※ 160,000,000円

配偶者の税額軽減額を計算する場合の課税価格	① 分割財産の価額（第11表の配偶者の①の金額）	分割財産の価額から控除する債務及び葬式費用の金額 ② 債務及び葬式費用の金額（第1表の配偶者の③の金額）	③ 未分割財産の価額（第11表の配偶者の②の金額）	④（②−③）の金額（③の金額が②の金額より大きいときは0）	⑤ 純資産価額に加算される暦年課税分の贈与財産価額（第1表の配偶者の⑤の金額）	⑥（①−④+⑤）の金額（⑤の金額より小さいときは⑤の金額）（1,000円未満切捨て）
	❶ 48,576,470円	❷ 3,617,700円	円	❷ 3,617,700円	円	※❸ 44,958,000円

⑦ 相続税の総額（第1表の⑦の金額）	⑧ ㋑の金額と⑥の金額のうちいずれか少ない方の金額	⑨ 課税価格の合計額（第1表のⒶの金額）	⑩ 配偶者の税額軽減の基となる金額（⑦×⑧÷⑨）
❹ 27,096,300円	❺ 44,958,000円	❻ 200,386,000円	❼ 6,079,244円

配偶者の税額軽減の限度額	（第1表の配偶者の⑨又は⑩の金額）（第1表の配偶者の⑫の金額） （6,080,411円 − 円）	㋺ ❽ 6,080,411円
配偶者の税額軽減額	（⑩の金額と㋺の金額のうちいずれか少ない方の金額）	㋩ ❾ 6,079,244円

（注）㋩の金額を第1表の配偶者の「配偶者の税額軽減額⑬」欄に転記します。

2　配偶者以外の人が農業相続人である場合（この表は、被相続人から相続、遺贈や相続時精算課税に係る贈与によって財産を取得した人のうちに農業相続人がいる場合で、かつ、その農業相続人が配偶者以外の場合に記入します。）

課税価格の合計額のうち配偶者の法定相続分相当額	（第3表のⒶの金額）〔配偶者の法定相続分〕 ,000円 × ― = 円 上記の金額が16,000万円に満たない場合には、16,000万円	㋥※ 円

配偶者の税額軽減額を計算する場合の課税価格	⑪ 分割財産の価額（第11表の配偶者の①の金額）	分割財産の価額から控除する債務及び葬式費用の金額 ⑫ 債務及び葬式費用の金額（第1表の配偶者の③の金額）	⑬ 未分割財産の価額（第11表の配偶者の②の金額）	⑭（⑫−⑬）の金額（⑬の金額が⑫の金額より大きいときは0）	⑮ 純資産価額に加算される暦年課税分の贈与財産価額（第1表の配偶者の⑤の金額）	⑯（⑪−⑭+⑮）の金額（⑮の金額より小さいときは⑮の金額）（1,000円未満切捨て）
	円	円	円	円	円	※ ,000円

⑰ 相続税の総額（第3表の⑦の金額）	⑱ ㋥の金額と⑯の金額のうちいずれか少ない方の金額	⑲ 課税価格の合計額（第3表のⒶの金額）	⑳ 配偶者の税額軽減の基となる金額（⑰×⑱÷⑲）
00円	円	,000円	円

配偶者の税額軽減の限度額	（第1表の配偶者の⑩の金額）（第1表の配偶者の⑫の金額） （円 − 円）	㋭ 円
配偶者の税額軽減額	（⑳の金額と㋭の金額のうちいずれか少ない方の金額）	㋬ 円

（注）㋬の金額を第1表の配偶者の「配偶者の税額軽減額⑬」欄に転記します。

※　相続税法第19条の2第5項（隠蔽又は仮装があった場合の配偶者の相続税額の軽減の不適用）の規定の適用があるときには、「課税価格の合計額のうち配偶者の法定相続分相当額」の（第1表のⒶの金額）、⑥、⑦、⑨、「課税価格の合計額のうち配偶者の法定相続分相当額」の（第3表のⒶの金額）、⑯、⑰及び⑲の各欄は、第5表の付表で計算した金額を転記します。

第5表(平30.7)　　（資4−20−6−1−A4統一）

の金額」44,958,000円÷「⑨課税価格の合計額」200,386,000円＝6,079,244円になります。

❽　暦年課税分の贈与税額控除額がありませんので、第５表の㊁配偶者の税額軽減の限度額は第１表の「算出税額⑨」になります。

❾　配偶者の税額軽減額は上記❼と❽のうちいずれか少ないほうの金額になりますので、❼の6,079,244円を㊅に記入します。

⑸　**第１表**（各人の納付・還付税額の計算）（図表102,103参照）

⓭　第５表により計算した配偶者の税額軽減額を第１表の「配偶者の税額軽減額⑬」、「計⑱」の「各人の合計」及び山田花子の欄に記入します。

⓮　差引税額を計算します。

差引税額は「算出税額⑨」＋「相続税額の２割加算が行われる場合の加算金額⑪」－「税額控除⑱」になります。

a　山田花子

6,080,411円＋０円－6,079,244円＝1,167円。妻山田花子の「差引税額⑲」欄へ記入します。

b　山田一郎

16,290,295円＋０円－０円＝16,290,295円

長男山田一郎の「差引税額⑲」欄へ記入します。

c　山田幸子

4,725,594円＋０円－０円＝4,725,594円

孫山田幸子の「差引税額⑲」欄へ記入します。

⓯　「差引税額⑲」を「小計㉒」及び「申告期限までに納付すべき税額㉔」に記入します。

a　山田花子

「小計㉒」は「差引税額⑲」の100円未満切捨ての金額になります。1,167円から100円未満を切捨てると1,100円。

「各人の納付・還付税額の計算」「小計㉒」及び「申告期限までに納付すべき税額㉔」に1,100円を記入します。

【図表 102　第 1 表　相続税の申告書】

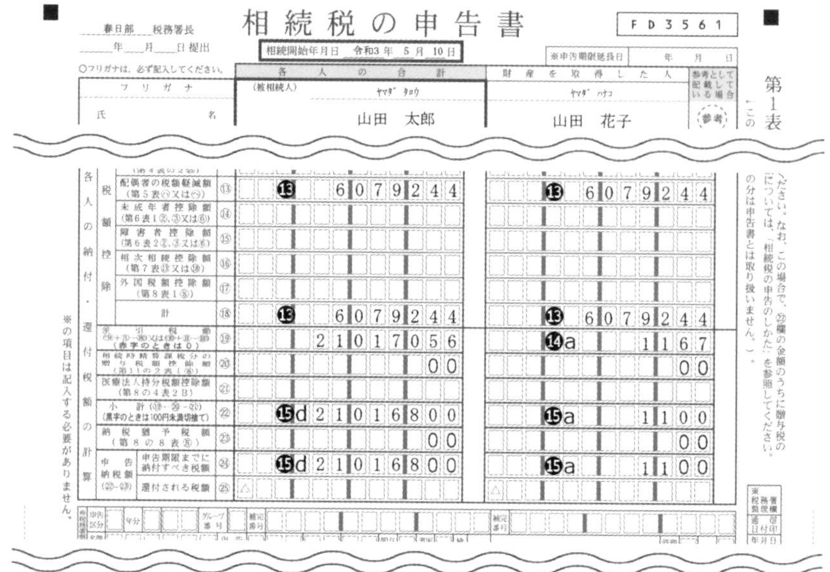

春日部 税務署長
年 月 日提出

相続税の申告書

FD3561

相続開始年月日　令和3年 5月 10日

※申告期限延長日　年 月 日

○フリガナは、必ず記入してください。

	各人の合計	財産を取得した人
フリガナ	(被相続人) ヤマダ タロウ	ヤマダ ハナコ
氏名	山田 太郎	山田 花子
⑬ 配偶者の税額軽減額 (第5表㋥又は㋭)	⑬ 6079244	⑬ 6079244
⑭ 未成年者控除額 (第6表1②、③又は⑥)		
⑮ 障害者控除額 (第6表2②、③又は⑥)		
⑯ 相次相続控除額 (第7表⑬又は⑱)		
⑰ 外国税額控除額 (第8表1⑧)		
⑱ 計	⑬ 6079244	⑬ 6079244
⑲ 差引税額 (⑨+⑪-⑱)又は(⑩+⑪-⑱) (赤字のときは0)	21017056	⑭a 1167
⑳ 相続時精算課税分の贈与税額控除額 (第11の2表1⑧)	00	00
㉑ 医療法人持分税額控除額 (第8の4表2B)		
㉒ 小計 (⑲-⑳-㉑) (黒字のときは100円未満切捨て)	⑮d 21016800	⑮a 1100
㉓ 納税猶予税額 (第8の8表⑧)	00	00
㉔ 申告納税額 (㉒-㉓) 申告期限までに納付すべき税額	⑮d 21016800	⑮a 1100
㉕ 還付される税額	△	△

※の項目は記入する必要がありません。

第1表

【図表 103　第 1 表（続）　相続税の申告書（続）】

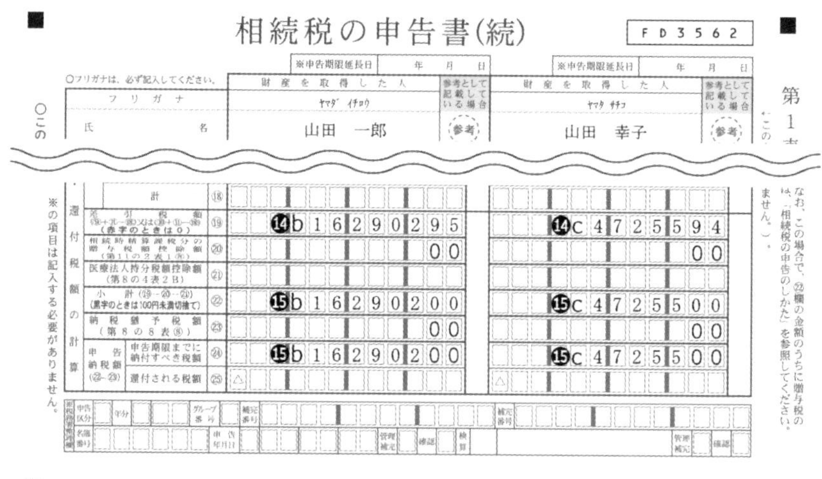

相続税の申告書(続)

FD3562

※申告期限延長日　年 月 日

○フリガナは、必ず記入してください。

	財産を取得した人	財産を取得した人
フリガナ	ヤマダ イチロウ	ヤマダ サチコ
氏名	山田 一郎	山田 幸子
⑱ 計		
⑲ 差引税額 (⑨+⑪-⑱)又は(⑩+⑪-⑱) (赤字のときは0)	⑭b 16290295	⑭c 4725594
⑳ 相続時精算課税分の贈与税額控除額 (第11の2表1⑧)	00	00
㉑ 医療法人持分税額控除額 (第8の4表2B)		
㉒ 小計 (⑲-⑳-㉑) (黒字のときは100円未満切捨て)	⑮b 16290200	⑮c 4725500
㉓ 納税猶予税額 (第8の8表⑧)	00	00
㉔ 申告納税額 (㉒-㉓) 申告期限までに納付すべき税額	⑮b 16290200	⑮c 4725500
㉕ 還付される税額	△	△

※の項目は記入する必要がありません。

(資4-20-2-1-A4統一)第1表(続)(令3.7)

b　山田一郎

16,290,295円から100円未満を切捨てると16,290,200円。

「各人の納付・還付税額の計算」「小計㉒」及び「申告期限までに納付すべき税額㉗」に16,290,200円を記入します。

c　山田幸子

4,725,594円から100円未満を切捨てると4,725,500円。

「各人の納付・還付税額の計算」「小計㉒」及び「申告期限までに納付すべき税額㉔」に4,725,500円を記入します。

d　「各人の合計」欄

「各人の合計」欄は、「差引税額⑲」の100円未満切捨ての金額ではなく、各相続人の「小計㉒」の和の金額になります。

1,100円＋16,290,200円＋4,725,500円＝21,016,800円。

「各人の納付・還付税額の計算」「小計㉒」及び「申告期限までに納付すべき税額㉔」に21,016,800円を記入します。

付録　配偶者居住権の概要（国税庁 HP より）

1　配偶者居住権の概要

問　「配偶者居住権」の概要を教えてください。

答　被相続人の配偶者（以下「配偶者」といいます。）が相続開始の時に居住していた被相続人の所有建物を対象として、終身又は一定期間、配偶者にその使用及び収益を認めることを内容とする法定の権利（配偶者居住権）が民法改正により創設され、遺産の分割における選択肢の一つとして、配偶者に配偶者居住権を取得させることができることとされたほか、被相続人が遺贈によっても配偶者に配偶者居住権を取得させることができることとされました。

〔配偶者居住権の成立要件〕

配偶者居住権の成立要件は次のとおりです（民法1028①）。

⑴　配偶者が被相続人の財産に属した建物に相続開始の時に居住していたこと

⑵　次のいずれかの場合に該当すること

①　遺産の分割※1によって配偶者居住権を取得するものとされた場合

②　配偶者居住権が遺贈の目的とされた場合※2、3

⑶　被相続人が相続開始の時において居住建物を配偶者以外の者と共有していないこと※4

※1　遺産の分割には、遺産の分割の協議のほか、調停又は審判を含みます。

2　民法第1028条第1項各号に死因贈与に関する規定はありませんが、死因贈与については、民法第554条により、その性質に反しない限り遺贈に関する規定が準用されることとされており、死因贈与によることも認められるとされています（商事法務「一問一答 新しい相続法—平成30年民法等（相続法）改正、遺言書保管法の解説」法務省民事局民事法制管理官ほか（2019年3月）より）。

3　遺産の分割の方法の指定である特定財産承継遺言（民法1014②）によって配偶者居住権を取得させることはできません。

4　被相続人が居住建物を配偶者以外の者と共有していた場合には、配偶者居住権を設定することができません。

〔配偶者居住権の及ぶ範囲〕

配偶者居住権は、配偶者がその居住建物の全部について無償で使用及び収益をする権利であることから、配偶者が居住建物の一部しか使用していなかった場合であっても、配偶者居住権の効力は居住建物全部に及ぶこととなります（民法1028①）。つまり、配偶者が従前居住の用に供していた範囲と配偶者居住権の効力が及ぶ範囲とは、必ずしも一致しない場合があります。

また、配偶者居住権は、その設定の登記を備えた場合に対抗要件を具備するとされており、建物所有者（被相続人から居住建物を相続により取得した者）は、配偶者に対し、配偶者居住権の設定の登記を備えさせる義務があります（民法1031①②）。ただし、配偶者居住権の設定の登記は、配偶者居住権の成立要件ではありません。

〔配偶者居住権の存続期間〕

配偶者居住権の存続期間は、原則として配偶者の終身の間ですが、遺産の分割の協議若しくは遺言に別段の定めがあるとき、又は家庭裁判所が遺産の分割の審判において別段の定めをしたときは、その定めるところによります（民法1030）。

〔配偶者による使用及び収益〕

配偶者は、従前の用法に従い、善良な管理者の注意をもって、居住建物の使用及び収益をしなければなりません（民法1032①）。

ただし、配偶者が従前居住の用に供していなかった部分について、これを居住の用に供することは妨げられないとされています（民法1032①）。

また、配偶者居住権は譲渡することはできませんが、居住建物の所有者の承諾を得た場合には、第三者に居住建物の使用又は収益をさせること（第三者への賃貸）ができます（民法1032②③）。

なお、居住建物の所有者は、配偶者との間で配偶者居住権を合意により消滅させた場合であっても、そのことをもって当該第三者（賃借人）に対抗することはできません（民法1036）。

〔居住建物の費用の負担〕

配偶者は、居住建物の通常の必要費（固定資産税や通常の修繕費など）を負担する必要があります（民法1034①）。

〔居住建物が滅失した場合の配偶者居住権〕

居住建物が滅失した場合には、配偶者居住権は消滅します（民法1036）。

〔配偶者居住権の法的性質〕

配偶者居住権の法的性質は、賃借権類似の法定の債権であると位置付けられています（商事法務「一問一答 新しい相続法―平成30年民法等（相続法）改正、遺言書保管法の解説」法務省民事局民事法制管理官ほか（2019年３月）より）。

【関係法令等】

民法554、1014②、1028～1036

配偶者居住権等の評価明細書

（令和二年四月一日以降用）

所有者				
建物	（被相続人氏名） ① 持分割合	（配偶者氏名） 持分割合	所在地番（住居表示）	（　　　）
土地	（被相続人氏名） ② 持分割合	（共有者氏名） 持分割合	（共有者氏名） 持分割合	

居住建物の内容				
建物の耐用年数	（建物の構造） ※裏面《参考1》参照		年	③
建築後の経過年数	（建築年月日）　年　月　日 から （配偶者居住権が設定された日）　年　月　日 … 　年 （6月以上の端数は1年 6月未満の端数は切捨て）		年	④
建物の利用状況等	建物のうち賃貸の用に供されている部分以外の部分の床面積の合計		㎡	⑤
	建物の床面積の合計		㎡	⑥

配偶者居住権の存続年数等			
	〔存続期間が終身以外の場合の存続年数〕 （配偶者居住権が設定された日）　年　月　日 から （存続期間満了日）Ⓐ　年　月　日 … 　年 （6月以上の端数は1年 6月未満の端数は切捨て）	存続年数（Ⓒ） 年	⑦
	〔存続期間が終身の場合の存続年数〕 （配偶者居住権が設定された日における配偶者の満年齢）　歳（生年月日　年　月　日、性別　） … （平均余命）Ⓑ ※裏面《参考2》参照　年 Ⓒ （ⒶとⒷのいずれか短い年数とし、Ⓐがない場合はⒷの年数）　年	複利現価率 ※裏面《参考3》参照 0.	⑧

評価の基礎となる価額				
建物	賃貸の用に供されておらず、かつ、共有でないものとした場合の相続税評価額		円	⑨
	共有でないものとした場合の相続税評価額		円	⑩
	相続税評価額	（⑩の相続税評価額）　円 × （①持分割合）	円（円未満切捨て）	⑪
土地	建物が賃貸の用に供されておらず、かつ、土地が共有でないものとした場合の相続税評価額		円	⑫
	共有でないものとした場合の相続税評価額		円	⑬
	相続税評価額	（⑬の相続税評価額）　円 × （②持分割合）	円（円未満切捨て）	⑭

○配偶者居住権の価額

（⑨の相続税評価額）　円 × （⑤賃貸以外の床面積 / ⑥居住建物の床面積）　㎡/㎡ × （①持分割合）	円（円未満四捨五入）	⑮
（⑮の金額）　円 － （⑮の金額）　円 × （③耐用年数－④経過年数－⑦存続年数 / ③耐用年数－④経過年数）（注）分子又は分母が零以下の場合は零。 × 0.（⑧複利現価率）	（配偶者居住権の価額）　円（円未満四捨五入）	⑯

○居住建物の価額

（⑪の相続税評価額）　円 － （⑯配偶者居住権の価額）　円	円	⑰

○配偶者居住権に基づく敷地利用権の価額

（⑫の相続税評価額）　円 × （⑤賃貸以外の床面積 / ⑥居住建物の床面積）　㎡/㎡ × （①と②のいずれか低い持分割合）	円（円未満四捨五入）	⑱
（⑱の金額）　円 － （⑱の金額）　円 × 0.（⑧複利現価率）	（敷地利用権の価額）　円（円未満四捨五入）	⑲

○居住建物の敷地の用に供される土地の価額

（⑭の相続税評価額）　円 － （⑲敷地利用権の価額）　円	円	⑳

備考	

（注）土地には、土地の上に存する権利を含みます。

（資4－25－3－A4統一）

（令和二年四月一日以降用）

（裏）

記載方法等

この評価明細書は、「配偶者居住権」、「居住建物（配偶者居住権の目的となっている建物をいいます。）」、「配偶者居住権に基づく敷地利用権」及び「居住建物の敷地の用に供される土地」を評価する場合に使用してください。

1　⑨「賃貸の用に供されておらず、かつ、共有でないものとした場合の相続税評価額」とは、相続開始時において、配偶者居住権が設定されておらず、かつ、建物全てが自用であるとした場合において、建物を単独所有しているとしたときの建物の時価です。したがって、当該建物については、財産評価基本通達第３章((家屋及び家屋の上に存する権利))の定めに基づき評価しますが、同通達93((貸家の評価))の定めは適用しませんので、⑨の価額は、原則として、建物の固定資産税評価額となります。

2　⑩「共有でないものとした場合の相続税評価額」とは、相続開始時において、配偶者居住権が設定されておらず、かつ、建物を単独所有しているとした場合の建物の時価です。したがって、当該建物については、財産評価基本通達第３章((家屋及び家屋の上に存する権利))の定めに基づき評価しますので、被相続人の持分を乗ずる前の相続税評価額（居住建物の一部を賃貸の用に供していない場合には⑨と同額、居住建物の一部を賃貸の用に供している場合には、同通達93の定めを適用して評価した価額）となります。

3　⑫「建物が賃貸の用に供されておらず、かつ、土地が共有でないものとした場合の相続税評価額」とは、相続開始時において、配偶者居住権が設定されておらず、かつ、建物全てが自用であるとした場合において、土地を単独所有しているとしたときの土地の時価です。したがって、当該土地については、財産評価基本通達第２章((土地及び土地の上に存する権利))の定めに基づき評価しますが、同通達26((貸家建付地の評価))、26－２((区分地上権等の目的となっている貸家建付地の評価))、28((貸家建付借地権等の評価))、30((転借権の評価))ただし書及び87－７((占用の許可に基づき所有する家屋を貸家とした場合の占用権の評価))（以下「貸家建付地の評価等」といいます。）の定めは適用しません（「土地及び土地の上に存する権利の評価明細書」等で計算してください。）。

4　⑬「共有でないものとした場合の相続税評価額」とは、相続開始時において、配偶者居住権が設定されておらず、かつ、土地を単独所有しているとした場合の土地の時価です。したがって、当該土地については、財産評価基本通達第２章((土地及び土地の上に存する権利))の定めに基づき評価しますので、被相続人の持分を乗ずる前の相続税評価額（居住建物の一部を賃貸の用に供していない場合には⑫と同額、居住建物の一部を賃貸の用に供している場合には、貸家建付地の評価等の定めを適用して評価した価額）となります（「土地及び土地の上に存する権利の評価明細書」等で計算してください。）。

《参考1》 配偶者居住権等の評価で用いる建物の構造別の耐用年数（「居住建物の内容」の③）

構　　造	耐用年数
鉄骨鉄筋コンクリート造又は鉄筋コンクリート造	71
れんが造、石造又はブロック造	57
金属造（骨格材の肉厚４㎜超）	51
金属造（骨格材の肉厚３㎜超～４㎜以下）	41

構　　造	耐用年数
金属造（骨格材の肉厚３㎜以下）	29
木造又は合成樹脂造	33
木骨モルタル造	30

《参考2》 第22回生命表（完全生命表）に基づく平均余命（「配偶者居住権の存続年数等」のⒷ）　※平成29年3月1日公表（厚生労働省）

満年齢	平均余命		満年齢	平均余命		満年齢	平均余命		満年齢	平均余命		満年齢	平均余命	
	男	女		男	女		男	女		男	女		男	女
16	－	71	36	46	52	56	27	32	76	11	15	96	3	3
17	－	70	37	45	51	57	26	32	77	11	14	97	3	3
18	63	69	38	44	50	58	25	31	78	10	13	98	2	3
19	62	68	39	43	49	59	24	30	79	9	12	99	2	3
20	61	67	40	42	48	60	24	29	80	9	12	100	2	3
21	60	66	41	41	47	61	23	28	81	8	11	101	2	2
22	59	65	42	40	46	62	22	27	82	8	10	102	2	2
23	58	64	43	39	45	63	21	26	83	7	10	103	2	2
24	57	63	44	38	44	64	20	25	84	7	9	104	2	2
25	56	62	45	37	43	65	19	24	85	6	8	105	2	2
26	55	61	46	36	42	66	19	23	86	6	8	106	2	2
27	54	60	47	35	41	67	18	22	87	5	7	107	1	2
28	53	59	48	34	40	68	17	22	88	5	7	108	1	1
29	52	58	49	33	39	69	16	21	89	5	6	109	1	1
30	51	57	50	32	38	70	16	20	90	4	6	110	1	1
31	50	56	51	31	37	71	15	19	91	4	5	111	1	1
32	49	55	52	31	36	72	14	18	92	4	5	112	1	1
33	49	55	53	30	35	73	13	17	93	3	4	113	－	1
34	48	54	54	29	34	74	13	16	94	3	4	114	－	1
35	47	53	55	28	33	75	12	16	95	3	4	115	－	1

《参考3》 複利現価表（法定利率3%）（「配偶者居住権の存続年数等」の⑧）

存続年数	複利現価率	存続年数	複利現価率	存続年数	複利現価率	存続年数	複利現価率	存続年数	複利現価率	存続年数	複利現価率	存続年数	複利現価率
1	0.971	11	0.722	21	0.538	31	0.400	41	0.298	51	0.221	61	0.165
2	0.943	12	0.701	22	0.522	32	0.388	42	0.289	52	0.215	62	0.160
3	0.915	13	0.681	23	0.507	33	0.377	43	0.281	53	0.209	63	0.155
4	0.888	14	0.661	24	0.492	34	0.366	44	0.272	54	0.203	64	0.151
5	0.863	15	0.642	25	0.478	35	0.355	45	0.264	55	0.197	65	0.146
6	0.837	16	0.623	26	0.464	36	0.345	46	0.257	56	0.191	66	0.142
7	0.813	17	0.605	27	0.450	37	0.335	47	0.249	57	0.185	67	0.138
8	0.789	18	0.587	28	0.437	38	0.325	48	0.242	58	0.180	68	0.134
9	0.766	19	0.570	29	0.424	39	0.316	49	0.235	59	0.175	69	0.130
10	0.744	20	0.554	30	0.412	40	0.307	50	0.228	60	0.170	70	0.126

編著者略歴

税理士法人サポートリンク

税理士法人サイト　　　　　ＵＲＬ：http://www.actax.co.jp/
相続税申告書作成支援サイト　ＵＲＬ：http://www.actax.info/

事務所所在地
〒651-0084
神戸市中央区磯辺通3丁目1－2　ＮＬＣ三宮ビル603号Ｂ
電話：078－271－1465

執筆者

柴崎　照久（しばさき　てるひさ）

税理士法人サポートリンク社員
公認会計士・税理士・行政書士

2023年８月改訂
軽減措置を使えば相続税がかからない「相続税申告書」の書き方

2015年9月18日　発行　　2016年12月21日　第２刷発行
2019年7月10日　改訂版発行
2021年10月5日　改訂２版発行　　2021年11月24日　改訂２版第２刷発行
2023年9月20日　改訂３版発行

編著者　税理士法人サポートリンクⒸ Zeirishihoujin Support Link

発行人　森　　忠順

発行所　株式会社セルバ出版
〒113-0034
東京都文京区湯島１丁目12番６号 高関ビル５Ｂ
☎ 03（5812）1178　FAX 03（5812）1188
http://www.seluba.co.jp/

発　売　株式会社三省堂書店／創英社
〒101-0051
東京都千代田区神田神保町１丁目１番地
☎ 03（3291）2295　FAX 03（3292）7687

印刷・製本　株式会社丸井工文社

Printed in JAPAN
ISBN978-4-86367-842-2